À plus ! 5

cycle long

Carnet d'activités

**Französisch
für Gymnasien**

Cornelsen

À plus ! 5 cycle long
Carnet d'activités

im Auftrag des Verlages erarbeitet von Catherine Mann-Grabowski
unter Mitwirkung von Catherine Jorißen

und der Redaktion Französisch Marie-France Lavielle, Marit Reifenstein

Bildbeschaffung: Sabrina Battaglini

Gesamtgestaltung: Regelindis Westphal
Illustrationen: Laurent Lalo
Technische Umsetzung: Satzinform, Berlin

Achte auf diese Zeichen:
◯ leichtere Übung
● anspruchsvollere Übung
Wenn du bei einer ● Übung Schwierigkeiten hast, mache zuerst die ◯ Übung.
Anschließend kannst du die ● Übung sicherlich problemlos bearbeiten.

Bildquellen:

www.cornelsen.de

Alle Drucke dieser Ausgabe sind inhaltlich unverändert und können im Unterricht nebeneinander verwendet werden.

© 2008 Cornelsen Verlag, Berlin
© 2017 Cornelsen Verlag GmbH, Berlin

Druck: H. Heenemann, Berlin

1. Auflage, 9. Druck 2019   1. Auflage, 3. Druck 2019
ISBN 978-3-464-22092-4   ISBN 978-3-464-22060-3
Schülerheft   Lehrerfassung

Bonjour tout le monde!

1   **a** *Retrouve les huit adjec-tifs, écris-les avec l'adverbe qui correspond.*

adjectif: adverbe:

_____   _____

_____   _____

_____   _____

_____   _____

b *Tu parles d'une copine à ton/ta correspondant/e. Utilise pour chaque phrase un adverbe de* **a** *.*

Du sagst, dass ...

1. ... deine Freundin fließend arabisch spricht.

_____

_____

2. ... sie dir netterweise vorgeschlagen hat, mit dir zusammen zu arbeiten.

_____

_____

3. ... es dir bei deinem Referat über Tunesien selbstverstandlich geholfen hat.

_____

_____

4. ... ihr unterschiedlich arbeitet.

_____

_____

5. ... sie zum Beispiel ständig zu spät kommt.

_____

_____

6. ... ihr dennoch ungeheuer gut gearbeitet habt.

_____

_____

7. ... diese Arbeit mit ihr wirklich interessant war.

_____

_____

8. ... du sie absolut toll findest!

_____

_____

2 *Est-ce que tu comprends ce que ces jeunes disent? Réécris ces phrases en français standard dans ton cahier.*

1 Il est chelou ton chien, non?

2 Chui cool, y a pas de problèmes.

3 T'es allemand? T'as pas peur de venir à Paris tout seul?

4 Moi, je pourrais pas me passer de mes potes.

5 Eh Manu, viens voir, on cause avec des Allemands!

3   **a** *Regarde les photos, note quel est leur métier et explique en une ou deux phrases leur travail dans ton cahier.*

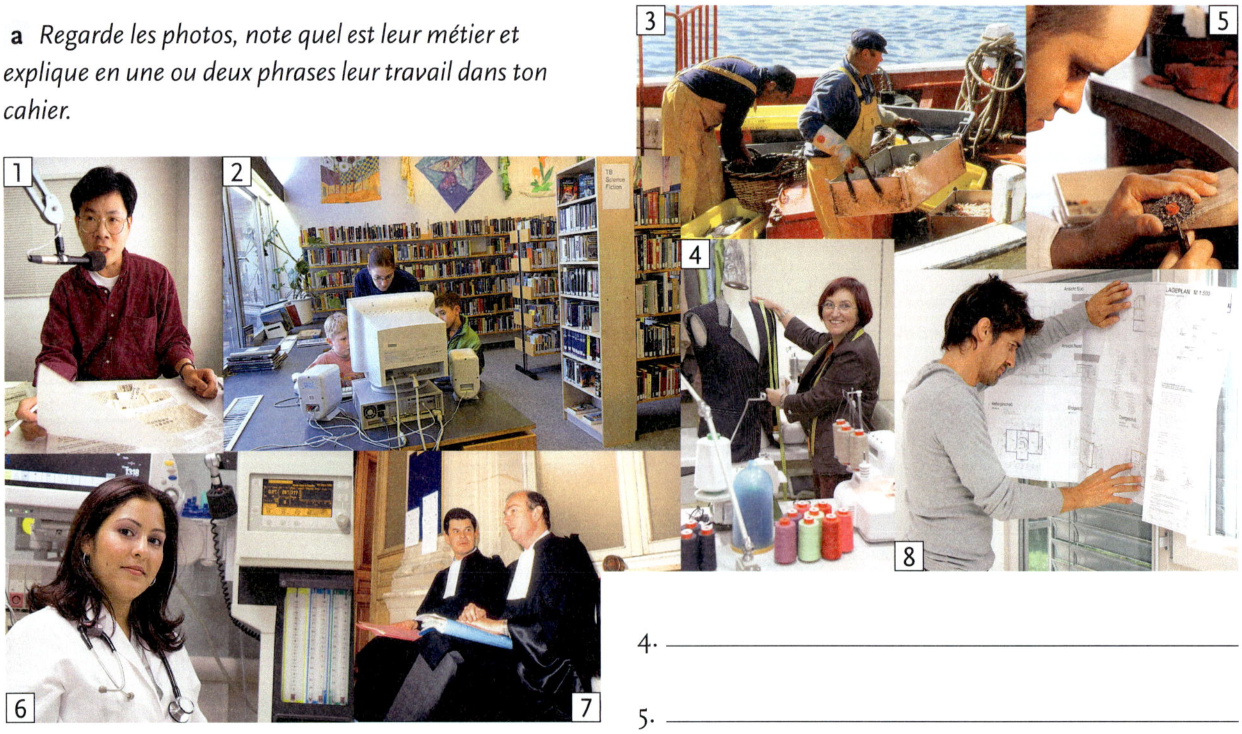

1. _____

2. _____

3. _____

4 _____

4. _____

5. _____

6. _____

7. _____

8. _____

b *Explique les mots suivants dans ton cahier.*

le rempart   encourager qn   imprudent/e

l'olivier   francophone   craindre qc

c *Trouve le contraire des mots suivants.*

1. le malheur

≠ _____

2. la guerre

≠ _____

3. grâce à qn/qc

≠ _____

4. injuste

≠ _____

5. empêcher qn de

≠ _____

6. s'amuser

≠ _____

IIIIIIII Les expressions

4   a *Relie chaque expression à son sens.*

peser le pour et le contre 1
donner un coup de pouce à qn 2
tenir qc de qn 3
avoir le cafard 4
passer par la tête de qn 5
se faire un nom 6
avoir le coup de foudre pour qn 7
C'est la galère! 8

a devenir célèbre
b apprendre qc par qn d'autre
c tomber amoureux de qn
d C'est une situation difficile.
e aider qn
f quand qn pense à qc
g réfléchir aux bons et aux mauvais côtés d'une chose
h ne pas avoir le moral

b *Écris un texte dans ton cahier où tu utiliseras le plus d'expressions possibles de* **a** .

IIIIIIII Le subjonctif

5 *C'est la rentrée des classes. Tu dis ce que tu trouves dommage et ce qui te fait plaisir. Complète les débuts de phrases. Utilise les thèmes suivants.*

vacances   rentrée   ambiance   profs   classe   copains/copines

1. Quel dommage que _____

2. Je trouve triste qu' _____

3. Je crains que _____

4. Mais je suis aussi content/e que _____

5. J'aimerais que _____

6. Cela m'amuse que _____

 Le conditionnel

6 *Fais des proposi-*
tions aux personnes
suivantes. Utilise
une phrase condi-
tionnelle.

Aux marches du palais, vieille chanson d'amour française

1. ... à un ami sportif pour le week-end.

_____

_____

2. ... à un prof pour changer ses méthodes de cours.

_____

_____

3. ... au nouveau délégué de classe.

_____

_____

4. ... à tes parents pour avoir plus d'argent de poche.

_____

_____

_____

5. ... à ta/ton corres français/e pour les vacances.

_____

_____

_____

6. ... à un chanteur célèbre qui n'a pas d'idées pour le texte de sa prochaine chanson.

_____

_____

Écrire/Créativité

7 *Regarde les dessins, imagine l'histoire et raconte-la dans ton cahier. Quelle pourrait être la suite?*
Écris-la aussi dans ton cahier.

▬▬ Approches

1 **a** *21 mots de géographie sont cachés dans cette grille. Retrouve-les et colorie-les en vert: Tu verras alors la forme d'une île française. Comment s'appelle-t-elle? Écris son nom.*

L'île s'appelle _____ .

P	O	L	J	D	A	S	I	Z	M	A	R	J	O	L	P
O	D	A	O	O	P	U	P	G	O	L	F	E	E	R	I
M	A	G	P	R	L	R	O	F	N	A	O	D	B	A	F
I	L	A	C	P	I	P	B	C	T	G	C	U	P	T	R
D	M	E	R	I	C	I	U	F	A	O	É	N	O	L	O
O	M	D	É	S	E	R	T	L	G	N	A	E	D	I	G
D	É	P	A	R	T	E	M	E	N	T	N	Î	L	E	U
C	T	L	R	É	E	P	I	U	E	S	O	M	M	E	T
A	R	A	C	G	R	L	R	V	C	O	L	L	I	N	E
P	O	G	H	I	R	I	P	E	N	I	N	S	U	L	E
I	P	E	I	O	E	F	U	P	R	O	I	J	S	B	R
T	O	C	P	N	D	O	R	I	P	O	U	R	J	A	L
A	L	Ô	E	E	D	M	E	N	T	I	R	N	O	L	Y
L	E	T	L	U	I	T	R	A	T	E	R	I	O	P	R
E	I	E	S	S	E	L	I	D	U	R	A	C	U	I	T

b *Complète les définitions suivantes avec des mots de* **a** .

1. L'Everest est la plus grande _____ du monde.

   Son _____ se trouve à 8849,87 m au-dessus du niveau de la mer.*

2. Une petite montagne s'appelle une _____ .

3. Une montagne de sable s'appelle une _____ .

4. La Loire est un des cinq _____ français.

5. La Gaspésie est une _____ .

6. Dans le _____ il ne pleut presque jamais.

7. On appelle un groupe d'îles un _____ .

8. Il y a des _____ français dans l'_____ Pacifique.

9. La Réunion est une grande _____ dans l'océan Indien.

10. À la Guadeloupe, il y a des _____ de sable blanc et de sable noir.

11. Papeete est la _____ de la Polynésie française.

12. Quand les habitants de la Guadeloupe vont à Paris, ils disent qu'ils vont en _____ .

*au-dessus du niveau de la mer über dem Meeresspiegel

2 *Trouve pour chaque phrase l'endroit correspondant sur la carte et complète le quiz. (→ Carte, vordere Umschlag-seite; Petit dictionnaire de civilisation, p. 137)*

1 C'est en face du Canada.

....

2 Les Français y ont débarqué en 1642.

....

3 Sa capitale est Papeete.

....

4 C'est l'autre DOM des Antilles françaises avec la Guadeloupe.

....

5 On l'appelle l'île Papillon.

....

6 C'est une collectivité d'Outre-Mer française située à côté de l'Australie.

....

7 C'est le département français qui donne à la France une frontière* avec le Brésil.

....

8 C'est une collectivité d'Outre-Mer française dans l'océan indien, à 300 km de Madagascar et 1500 km de la Réunion.

*** la frontière** die Grenze

3 ◀)) *Écoute encore une fois le document sonore sur Mano Rama et complète sa fiche d'identité.*

Département _____

Classe _____

Père _____

Mère _____

Sports préférés _____

Nom _____

Langues parlées _____

Nationalité _____

Musiques préférées _____

Ville _____

DELF **4**   **a** *Lis l'article et note le type de musique antillaise qui correspond à chaque photo.*

1

2

3

4

Les musiques antillaises

Aux Antilles, la musique et la danse occupent une place très importante. La musique antillaise, comme la langue créole, est un mélange d'influences européennes et africaines.

Tout le monde connaît le reggae qui est né à la Jamaïque à la fin des années 60 autour de Bob Marley. Mais connaissez-vous aussi la biguine? Cette musique est née dans l'entre-deux guerres. Elle reprend des rythmes et des instruments de jazz venus de la Nouvelle-Orléans et se danse dans les bals. Chouval bwa est un type de musique d'origine martiniquaise. Son nom signifie cheval de bois en créole. C'est une musique qui vient de l'époque où on faisait tourner un carrousel de chevaux en bois pendant qu'un orchestre jouait de la musique pour l'accompagner.

Actuellement, la musique la plus célèbre aux Antilles est le zouk. Le mot «zouk» vient du créole antillais et voulait à l'origine dire fête de village. De grands groupes comme Zouk Machine, Kassav et Malavoi ont fait connaître aussi le zouk en métropole. Le nom du groupe martiniquais Malavoi reflète bien l'histoire de la Martinique puisque Malavoi est à la fois une sorte de canne à sucre et le nom d'une rue au Sénégal d'où partaient les esclaves pour les Antilles.

1973	Naissance de Jane Fostin en Guadeloupe dans une famille de sept enfants
1979	Participe à son premier concours de chant
1987	Entrée dans le groupe Zouk Machine
1988	Arrête définitivement ses études pour se consacrer à la chanson
1990	Gros succès avec le titre Maldon
1996	Début de la carrière en solo avec La taille de ton amour
2002	Jane Fostin est consacrée meilleure artiste féminine de l'année aux Antilles.
2005	Sortie de son album Alibi. Le duo Pas de glace avec Mehdi Custos est le titre le plus écouté pendant l'été aux Antilles.
2007	Album Eclipses

1. _____

2. _____

3. _____

4. _____

b *Vrai ou faux. Coche et corrige les phrases fausses dans ton cahier.*

	vrai	faux
1. La musique antillaise mélange différents styles de musique.	☐	☐
2. La biguine est née vers 1950.	☐	☐
3. Chouval bwa est un type de musique qui vient de la Guadeloupe.	☐	☐
4. Le zouk est un type de musique qu'on n'écoute plus en Martinique.	☐	☐
5. Malavoi est un nouveau type de musique antillaise.	☐	☐
6. Jane Fostin a débuté sa carrière de chanteuse en 1996.	☐	☐
7. Jane Fostin a chanté dans le groupe Zouk Machine.	☐	☐

c *Est-ce que la musique est importante pour toi? Quel type de musique aimes-tu écouter? Si tu n'aimes pas la musique, que préfères-tu faire pendant tes loisirs? Écris un petit texte dans ton cahier sous forme de lettre à un copain français ou d'article pour une revue de jeunes.*

1 *Résume l'histoire de la Guadeloupe à l'aide des dessins. Écris dans ton cahier une ou deux phrases par dessin. (→ Texte, p. 10–11)*

2 **a** *Ces touristes rentrent de Guadeloupe. Raconte en une phrase ce qui a plu le plus à chacun d'eux.*

1. <u>En Guadeloupe, il a surtout aimé la forêt tropicale.</u> _____

2. _____

3. _____

4. _____

5. _____

6. _____

b *À toi. Que ferais-tu et où irais-tu si tu faisais un voyage en Guadeloupe? Écris un petit texte. Utilise le conditionnel.*

_____

_____

_____

_____

_____

▮▮▮▮▮▮ **Réviser: Les pronoms disjoints**

3   *Complète. Utilise un pronom disjoint:* moi, toi, lui, elle, nous, vous, eux, elles.

12 juillet

Premier jour de vacances et j'ai déjà fait la connaissance de deux jeunes super! Mano est

guadeloupéen. Maryse, _____ , est née en métropole mais elle est arrivée en

Guadeloupe très jeune avec ses parents. Sa mère est professeur de géographie. Son père,

_____ , travaille sur Basse-Terre avec ses deux sœurs, les tantes de Maryse. Avec

_____ , il tient un hôtel près du volcan de la Soufrière. Avec papa et maman, nous

irons y passer quelques jours la semaine prochaine.

Demain, Mano, Maryse et _____ , nous allons faire une excursion en bateau.

Mes parents, _____ , préfèrent rester sur la plage et bronzer. Pour demain soir,

Mano a réservé pour _____ tous une table dans le restaurant de sa mère. Nous

allons découvrir la vraie cuisine guadeloupéenne! _____ , j'ai déjà choisi mon dessert:

un blanc-manger coco!

4 *Complète. Utilise la mise en relief avec* c'est / ce sont ___ qui/que/qu' *et un pronom disjoint.* (→ Repères, p. 23/2)

Ce n'est pas moi, c'est _____ a cassé l'assiette!

C'est _____ a aboli l'esclavage!

Excusez-moi, c'est _____ vous attendez?

Ce sont _____ vont habiter dans la maison d'à côté?

C'est _____ te plait?

C'est _____ vous dérangeons?

5 ○ *Complète les bulles à l'aide de* c'est/ce sont ___ qui/que/qu'. (→ Repères, p. 23/2)

_____ sur ce volcan _____ tu as pris tes belles photos?»

_____ ces bananes _____ on doit acheter pour faire des gratins et des purées?

_____ vous _____ avez pêché tout ça?

_____ les jeunes _____ nous avons rencontrés hier?

_____ ces fruits _____ il faut attraper avec des gants?

_____ dans ce magasin _____ ta sœur a acheté sa robe?

6 ● *Tu es étonné(e)*. Montre-le. Utilise* c'est / ce sont qui, c'est / ce sont ___ que. (→ Repères, p. 23/2)

1. Ferdinand aime ces fleurs.

<u>Ah bon? Ce sont ces fleurs que Ferdinand aime?</u>

2. Audrey adore ce garçon.

_____

_____

3. Marie écoute toute la journée cette musique.

_____

_____

4. Annabelle déteste cette couleur.

_____

_____

5. Maëlle habite dans cette maison.

_____

_____

6. Arnaud est amoureux de cette fille.

_____

_____

7. La tante de Stéphanie tient ce restaurant.

_____

_____

8. Le melon est la principale ressource de l'île.

_____

_____

9. Les Anglais ont fondé le port de Pointe-à-Pître.

_____

_____

10. La Guadeloupe est devenue française en 1946.

_____

_____

* **étonné/e** *adj.* erstaunt

7 *Imagine qui ils sont, ce qu'ils font à la Guadeloupe, ce qu'ils pensent de l'île, ce qu'ils font d'autre dans la vie. Écris un texte dans ton cahier.*

→ **Portfolio**
Dossier

DELF **8** *À toi. Présente ta région. Écris un texte dans ton cahier sur son histoire, sa géographie, ses ressources etc. pour donner envie à des touristes d'y venir. Tu peux aussi y ajouter des photos avec des légendes.*
(→ Texte, p. 10–11; Repères, p. 22/1)

1 *Complète cet article à l'aide des morceaux de phrases proposés et réécris le texte complet dans ton cahier.*
(→ Texte, p. 15–16)

Lilian Thuram est né en 1972 en Guadeloupe. Là-bas, il jouait au foot pieds nus. Sa mère a eu cinq enfants. Elle a choisi de venir vivre en métropole. Dans la cité d'Avon, le jeune Lilian a rencontré des gens de toutes les nationalités. C'est pour toutes ces raisons qu'il s'intéresse aujourd'hui au métissage.

Lilian Thuram pense que tous les gens veulent finalement la même chose: être heureux. Il a lu beaucoup de livres. Leur histoire ne commence pas avec l'esclavage. Les gens doivent apprendre l'histoire de leur pays. Il y a des Français noirs!
Thuram pense que s'il y a plus de sportifs qui viennent de classes défavorisées c'est parce que dans le monde du sport, il n'y a que les qualités qui comptent.

où la famille Thuram habitait

que de milieux aisés

qu'elle a élevés seule

qui ne comprennent pas qu'il y ait beaucoup de noirs dans l'équipe de France

parce qu'elle voulait donner une vie meilleure à ses enfants

une île des caraïbes qui a une histoire violente et cruelle

qui lui ont fait découvrir leurs cultures

pour ne pas abîmer ses chaussures

sur la culture des Noirs

même s'ils ont des religions différentes

qui est une richesse mais que l'on peut mal vivre

2 *À ton avis, pourquoi est-ce que le mot «immigrer» dans l'expression «immigrer» en métropole (texte, p. 15, ligne 31) est entre guillemets[1]? Utilise l'extrait du dictionnaire et ce que tu sais de la Guadeloupe pour répondre.*

IMMIGRER [imigʀe] v. intr. lat. *immigrare* ♦
Entrer dans un pays étranger pour s'y établir[2].

1 **les guillemets** *m.pl.* die Anführungsstriche 2 **s'établir** sich niederlassen

3 *De nombreux sportifs français sont originaires d'un département ou d'une collectivité d'outre mer. En connais-tu?*
Fais des recherches sur Internet ou dans des revues et présente un ou deux sportifs de ton choix. Écris dans ton cahier.

Thierry Henry   Gael Monfils   Nicolas Anelka   Jackson Richardson

Malia Metella   Muriel Hurtis   Christine Arron

→ **Portfolio**
Dossier

4 ○ *Relie et écris les phrases.*
(→ Repères, p. 23/3)

En jouant au foot pieds nus [1]	[a] les descendants des esclaves et des colons ont formé une population mixte.
En faisant ses devoirs [2]	[b] Thuram a découvert d'autres cultures intéressantes.
En s'entraînant beaucoup [3]	[c] Lilian Thuram rêvait de marquer des buts.
En venant à Paris [4]	[d] il a pu devenir champion.
En se mélangeant [5]	[e] le petit Lilian n'abîmait pas ses chaussures.
En grandissant avec toutes sortes de gens [6]	[f] la mère de Lilian Thuram voulait donner une meilleure vie à ses enfants.

_____

_____

_____

_____

_____

_____

5 **a** ● *Complète en utilisant le gérondif.*
(→ Repères, p. 23/3)

1. Regarde! ___ En regardant ___ , tu apprends!

2. Pose des questions! _____ des questions, on devient intelligent!

3. Réfléchis! _____ on arrive à tout!

4. Écoute de la musique! _____ de la musique, on découvre d'autres horizons!

5. Fais du sport! _____ du sport on apprend à se battre!

6. Ris! _____ on se détend!

7. Range! _____ tu retrouveras peut-être tes chaussures!

8. Mange! _____ tu grandiras!

9. Bois de l'eau! _____ de l'eau, tu n'auras pas mal à la tête!

10. Sois gentil avec tout le monde! C'est _____ gentil avec tout le monde qu'on réussit le mieux!

11. Sache écouter! _____ écouter, tu n'auras pas de mal à comprendre le monde!

12. Rêve! Les bonnes idées viennent _____ !

b *À toi! Forme trois autres phrases suivant le même principe!*

_____

_____

_____

6   **a** ● *Regarde les dessins et explique l'emploi du temps de Monsieur Toutenmêmetemps et Monsieur Jprenmontemps. Utilise le gérondif. (→ Repères, p. 23/3)*

Monsieur Toutenmêmetemps

_____

_____

Monsieur Jprenmontemps

_____

_____

_____

b ● *À toi! Complète l'emploi du temps de Monsieur Toutenmêmetemps ou de Monsieur Jprenmontemps avec trois nouvelles phrases.*

_____

_____

_____

_____

7 ○ *Des lecteurs d'Okapi ont écrit au journal pour poser des questions. Reformule leurs questions avec est-ce que.* (→ Repères, p. 23/4)

2 **Comment fabrique-t-on le papier aluminium?**

6 **Comment vivait-on il y a cent ans?**

3 **Y-a-t-il de l'eau dans les cactus?**

7 **Combien de jours à l'avance peut-on prévoir le temps qu'il fera?**

1 **Pourquoi certaines mers portent-elles des noms de couleurs?**

4 **Dans quel pays trouve-t-on le plus de footballeurs?**

8 **Tous les ados du monde vont-ils au collège?**

5 **Pourquoi aime-t-on gagner?**

1. _____

2. _____

3. _____

4. _____

5. _____

6. _____

7. _____

8. _____

8 ● *Trouve des questions possibles et écris-les. Utilise l'inversion.* (→ Repères, p. 23/4)

1. _____

Très peu. Je ne sais dire que «Pani pwoblèm» et «Eskisé».

2. _____

Oui, nous la connaissons bien. Nous avons visité Basse-terre et Grande-terre.

3. _____

Des moustiques? Non, il n'y en avait pas trop.

4. _____

Il faut surtout faire attention au soleil qui est plus fort que chez nous.

5. _____

La ville où est né Thuram? Oui, je l'ai visitée aussi.

6. _____

En venant en métropole, elle voulait donner une meilleure vie à ses cinq enfants.

7. _____

Thuram? Il a toujours joué au ballon ...

8. _____

Non, quand il était petit, il rêvait de devenir prêtre.

9 *Imagine: Tu vas bientôt recevoir un jeune Martiniquais, Sylvain, que tu ne connais pas encore. Quelles sont les questions que tu as envie de lui poser? Formule une dizaine de questions dans ton cahier (en utilisant ou non l'inversion du sujet.) (→ Repères, p. 23/4)*

10 *Donne le contraire. Attention à l'accord de l'adjectif.*
(→ Liste des mots, p. 180)

1. une histoire calme ≠ une histoire _____
2. un milieu aisé ≠ un milieu _____
3. une famille riche ≠ une famille _____
4. des vêtements traditionnels ≠ des vêtements _____
5. une chaise haute ≠ une chaise _____
6. une aide nécessaire ≠ une aide _____
7. une question facile ≠ une question _____

11 **a** *Donne pour chaque phrase une traduction du mot souligné. Qu'est-ce que tu remarques?*

1. Elle tient un restaurant.

_____

2. Il tient un bébé dans ses bras.

_____

3. Elle est blonde, elle tient cela de sa mère.

_____

4. Je te tiens au courant de ce qui va se passer.

_____

5. Il se repose dans sa chambre.

_____

6. La production agricole repose sur la canne à sucre.

_____

7. Nous avons dit merci et nous sommes partis.

_____

8. Les colons ont mené une guerre sans merci contre les indiens Caraïbes.

_____

9. Il a sorti son chien.

_____

10. Théâtre, restaurant, cinéma, concert, à Paris, nous sommes sortis tous les soirs!

_____

11. Elle a sorti un stylo de son sac et elle a écrit son numéro de téléphone sur ma main!

_____

12. Nous avons super bien mangé, nous ne sommes sortis de table que vers quatre heures!

_____

13. Nous sommes nés dans une cité défavorisée mais nous nous en sommes bien sortis.

_____

Je vous tiens au courant.

Je remarque que _____

b *Traduis les phrases de* **a** *dans ton cahier.*

c *Sven, un de tes copains qui ne parle pas français te demande de l'aider à communiquer avec Florent, un jeune Français dont il a fait la connaissance. Joue l'interprète pour eux. Les phrases de* **a** *peuvent t'aider. Tu peux aussi utiliser ton dictionnaire.*

Sven: Sage ihm, dass mir unsere Verabredung entfallen war. Es tut mir Leid. Normalerweise habe ich ein sehr gutes Gedächtnis, aber zurzeit vergesse ich ziemlich viel. Vielleicht, weil ich mich um zu viele Dinge kümmern muss.

Toi: _____

_____

_____

_____

Florent: Dis-lui que ce n'est pas grave. Moi aussi, j'oublie souvent des trucs. Malheureusement, moi, je tiens ça de mon père. Dis-lui que je n'ai pas pu l'appeler parce que je n'avais pas son numéro et que j'ai attendu qu'il me téléphone. Finalement, je ne suis pas sorti, j'ai lu une ou deux bédés et je me suis reposé.

Toi: _____

_____

_____

_____

_____

_____

_____

Sven: Sag ihm, dass wir uns am Wochenende treffen könnten. Frag ihn, ob er Lust hat, am Samstag Nachmittag mit uns zusammen Fußball zu spielen. Und gib ihm bitte meine Handy-Nummer: 0176 35 87 99. Und diesmal vergesse ich das nicht. Ich schwöre!

Toi: _____

_____

_____

Florent: Merci. Dis-lui que je ne sais pas encore si je pourrai, que je dois en parler à «ma famille allemande». Je ne sais pas s'ils ont déjà prévu quelque chose. Je le tiendrai au courant, je lui enverrai un SMS.

Toi: _____

_____

_____

_____

La France en direct: Victor Schoelcher

 12 *Regarde la photo, lis le texte et explique ce document à un copain allemand qui ne comprend pas le français. Utilise aussi ce que tu as appris dans le dossier: La France des trois océans.*

CE MONUMENT, très intéressant, se trouve en Martinique devant l'ancien palais de justice de Fort-de-France. C'est Marquet de Vasselot qui l'a réalisé à la mémoire de Victor Schoelcher. L'enfant sur laquelle Schoelcher se penche n'est autre que Marianne, le symbole de la République française. Marianne, qui normalement est une grande personne y est représentée comme une petite fille car elle vient seulement de se rendre compte combien l'esclavage est une chose horrible. Victor Schoelcher la raccompagne vers le droit chemin dans un geste paternel. Sur le socle de la statue on peut lire ces mots célèbres: «Nulle terre française ne peut plus porter d'esclaves.»

DELF 13 **a** *Lis le texte et donne à chaque paragraphe un titre choisi dans la liste ci-dessous.*

Le retour au pays

Vivre mal son métissage

Venir à Paris pour donner une vie meilleure à ses enfants

Un milieu défavorisé

Le créole était la langue du malheur

Savoir expliquer aux enfants qui ils sont et d'où ils viennent

Je suis une Guadeloupéenne née à Paris. Enfant, je ne parlais pas le créole. Mes parents reléguaient cette langue au second plan comme la plupart de leurs compatriotes. À cette époque, les Antillais de l'hexagone imaginaient que la langue créole n'avait pas d'avenir. Pour eux, le créole évoquait la pauvreté des plantations, une certaine forme de malheur, un passé douloureux.

Mes parents voulaient, je crois, offrir à leurs enfants un monde nouveau, moderne. Il faut savoir que la France représentait énormément: la connaissance, une promotion sociale évidente, un espoir.

En Guadeloupe, mes parents avaient vécu à la campagne, dans des cases sans eau courante, ni électricité. Ma mère a grandi sur une plantation. Souvent, elle m'a raconté qu'elle n'avait que deux robes en tout et pour tout, qu'elle possédait une seule paire de chaussures, des bottines. Elle marchait pieds nus jusqu'à l'école et remettait ses chaussures en arrivant devant sa classe. [...]

Pour moi, ce qui était au départ un handicap, c'était d'être ce que l'on appelle «une négropolitaine», une antillaise de la métropole. J'avais honte de ma différence. Je me souviens que quand je faisais mes études, je répondais «oui», lorsque l'on me demandait si j'étais née en Guadeloupe. À cette époque, je considérais qu'être née en dehors de l'île était un défaut. [...]

J'ai passé mon bac en Guadeloupe. Je suis retournée dans la région parisienne, pour commencer des études de lettres. Finalement, je suis devenue infirmière en psychiatrie. Je me suis mariée avec un Martiniquais. J'ai eu deux enfants ... Nous avons vécu vingt ans en Guadeloupe.

Je ne voulais pas que mes enfants vivent la même expérience que moi, c'est-à-dire celle de l'exil, celle du déchirement, celle de l'identité. Qui suis-je? Toutes ces questions inutiles m'ont épuisée pendant mon enfance et mon adolescence, pendant ma vie de jeune adulte. [...]

extrait d'un livre de Gisèle Pineau: Les femmes des Antilles chuchotent beaucoup dans les cuisines Entretien avec Gisèle Pineau, Septembre 2003 Propos recueillis par Chantal Anglade

b *Réponds aux questions suivantes dans ton cahier.*

1. Qui est la narratrice? Retrace sa biographie en quelques phrases.
2. Quelles sont les différences entre l'enfance de la narratrice et celle de ses parents?
3. Que signifiait la langue créole pour les parents de la narratrice?
4. Explique le terme «négropolitaine». Pourquoi était-ce un problème pour la narratrice?
5. Pourquoi la narratrice ne voulait-elle pas que ses enfants vivent la même expérience?

1 **a** *Réponds dans ton cahier.* (→ Texte, p. 24–25)

1. Explique pourquoi Michel, le narrateur, regarde le jeune couple qui les prend en stop «avec méfiance».
2. Explique pourquoi Manuéla dit que «tout leur voyage est gâché» si le cyclone ne passe pas en Guadeloupe.
3. Explique la réaction du narrateur quand Manuéla dit cela.
4. Explique pourquoi Pascal dit que «les photographes sont des voyeurs».

b *«Tu aimes bien avoir des images de ce qui se passe à travers le monde?» Est-ce important pour toi? Donne ton avis. Écris dans ton cahier.*

2 **a** *Trouve, dans le texte, p. 24–25, les mots ou expressions qui correspondent aux définitions suivantes et note-les dans ton cahier.*

1. se promener, s'amuser au lieu d'aller en classe alors qu'on a cours
2. boire ou manger qc avec plaisir ou boire ou manger qc pour connaître cette chose
3. avoir des relations avec qn
4. état de qn qui n'a pas confiance
5. faire partie de qc, p. ex. une communauté, une culture

b *À toi! Écris une définition pour les mots suivants dans ton cahier.*

le/la client/e
le site touristique
une attraction
la boîte de nuit
le ton
se décourager

La France en direct: Le cyclone Hugo

3 **a** *Lis le texte. Utilise le dictionnaire monolingue et trouve la catégorie (nom, verbe, adjectif etc.) des mots, le genre des noms / le temps et la forme des verbes et la signification des mots surlignés. Aide-toi aussi du contexte et des mots de la même famille que tu connais déjà. Écris dans ton cahier.* (→ Utiliser un dictionnaire monolingue, p. 110)

LE CYCLONE HUGO	Le cyclone Hugo de 1989 est le plus violent cyclone qu'aient connu les Antilles depuis que des observations scientifiques sont réalisées. La Guadeloupe, plus précisément, a été au cœur du phénomène.
	CHRONOLOGIE
11 septembre 1989	Une dépression classique se forme en plein Océan Atlantique.
13 septembre à 1 h GMT	La dépression se renforce et devient officiellement tempête tropicale. Elle est baptisée Hugo.
17 septembre	L'œil du cyclone Hugo passe en plein sur la Guadeloupe. La pression atmosphérique relevée au niveau de l'œil du cyclone est de 941 hPa. Le vent moyen est de 200 km/h et les rafales de vent atteignent les 280 km/h: le cyclone Hugo est qualifié de classe 4.
Les **dégâts** sont considérables	23 morts dont 13 dans un hélicoptère de secours (après le passage du cyclone). 21000 personnes se retrouvent sans abri et le coût des réparations s'élèvera à plus de 120 millions de francs.
19 septembre	Le cyclone Hugo se dirige vers Porto Rico: les rafales de vent y sont de 200 km/h.
21 septembre	Le cyclone Hugo s'étend de la Caroline du Sud jusqu'au Canada et il s'éteint le jour suivant. Comme le veut la coutume pour les cyclones meurtriers, le cyclone Hugo de 1989 sera le dernier à porter ce nom.

b *Maryse Condé appelle le cyclone Hugo «Hugo, le terrible». Relis les informations et explique pourquoi dans ton cahier.*

Bilan autocorrectif

À l'aide du bilan autocorrectif, tu peux vérifier tes progrès après chaque dossier. Fais les exercices sans aucune aide, puis compare tes résultats avec les solutions à la page 91. Sur la colonne de droite, tu trouveras des conseils qui t'aideront à t'entraîner et à améliorer ce que tu ne maîtrises pas encore.

1 **La mise en relief**

Ton prof ne te croit pas. Tu insistes. Mets les expressions soulignées en relief.

J'ai fait ce devoir tout seul/e.

_____

_____

J'ai trouvé toutes ces idées <u>dans ma tête</u>.

_____

_____

J'ai trouvé les mots qui manquaient <u>dans un diction-naire allemand-français</u>.

_____

_____

_____

Il faut me mettre <u>un vingt, pas un zéro</u>!

_____

_____

2 **Le gérondif**

a *Comment gagnent-ils leur vie? Réponds en utilisant le gérondif.*

1. écrire / romans

2. construire / maisons   3. s'occuper / enfants / voisine

1. _____

2. _____

3. _____

b *Traduis les phrases suivantes en allemand.*

1. L'appétit vient en mangeant.

_____

2. En prenant des notes, tu te souviendras mieux de l'exposé de ton camarade.

_____

3. Mano écrit un message à sa copine en écoutant un CD de Jane Fostin.

_____

3   L'interrogation par inversion

Des jeunes préparent l'interview d'un spécialiste de la
France d'outre-mer. Formule leurs questions en utilisant
l'inversion.

Ils veulent savoir …
… si le carnaval est encore vraiment célèbre
aujourd'hui en Guadeloupe.
… s'il y a beaucoup de touristes au carnaval.
… depuis quand le musée Schoelcher est ouvert.
… ce qu'on peut voir au musée Schoelcher.

_____

_____

_____

_____

_____

_____

_____

_____

4   Qu'est-ce qu'on dit – Vocabulaire thématique

Regarde ces notes et résume l'histoire
de la Réunion en français.

1512 entdeckt Pedro de Mascarenhas
neue Inselkette im indischen Ozean

1642 landen Franzosen auf Insel

1663 Réunion = 1. Kolonie Frankreichs
im indischen Ozean

1946 Réunion = französisches
Überseedépartement

1718 Anfang Kaffeeanbau
Siedler versklaven Afrikaner + Inder
und bringen sie auf Plantagen

20. Dezember 1848: Abschaffung der Sklaverei auf Réunion
(Joseph Napoléon Sébastien Sarda Garriga)

_____

_____

_____

_____

_____

_____

_____

_____

Les solutions sont à la page 91.

DOSSIER 2 Au travail!

Approches

1   **a** *Complète. Il y a quelquefois plusieurs possibilités.* (→ Liste alphabétique, p. 180)

Note le nom d'un métier ...

... où on travaille avec des enfants ou des jeunes: _____

... où on fait des plans de maisons ou d'immeubles: _____

... où on porte un uniforme: _____

... où on joue au théâtre ou dans des films: _____

... où on travaille dans un restaurant: _____

... où on ne travaille pas sur la terre: _____

... où on travaille dans un magasin: _____

... où il faut savoir convaincre: _____

... où on s'occupe des gens malades: _____

... où on fabrique des bijoux: _____

b *Présente trois métiers de ton choix sous forme de devinette pour tes camarades. N'oublie pas la solution pour pouvoir les corriger. Écris dans ton cahier.*

Son domaine, c'est ___   On exerce ce métier ___   On fait un boulot qui ___   Il faut être ___

2   **a** ◀») *Écoute encore une fois le document sonore et complète.*

Le(s) métier(s) qu'ils aimeraient faire ou le domaine dans lequel ils aimeraient travailler

fille 1	_____
garçon 1	_____
fille 2	_____
fille 3	_____
garçon 2	_____
garçon 3	_____
fille 4	_____

b *Vrai ou faux?*
Coche.

	vrai	faux
La fille 1 a déjà son bac.	☐	☐
Le garçon 1 aime s'occuper des autres.	☐	☐
La fille 2 s'intéresse à la littérature.	☐	☐
La fille 3 n'aimerait pas travailler dans un bureau.	☐	☐
Le garçon 2 aimerait travailler dans un bureau.	☐	☐
Le garçon 3 ne sait pas vraiment ce qu'il fera plus tard.	☐	☐
La fille 4, elle, sait exactement ce qu'elle veut.	☐	☐

c *Écoute encore une fois le document sonore et relève d'autres expressions pour dire:* Je voudrais devenir (+ métier). *Note-les dans ton cahier.*

2

3 *Quel métier ces jeunes pourraient-ils faire? Donne-leur des conseils. Utilise des phrases au conditionnel, au subjonctif et à l'impératif.*

1 Moi, j'suis plutôt littéraire, j'aime lire, lire et encore lire…

2 Moi, je veux aider les gens, sauver des vies.

3 Ce qui m'intéresse, c'est gagner de l'argent! Je veux avoir beaucoup de thunes, un point c'est tout!

5 Moi, j'aime surtout jouer à l'ordinateur, dessiner, imaginer des histoires

4 Je voudrais empêcher que des gens aillent en prison alors qu'ils ne sont même pas responsables!

6 Moi, mon point fort, c'est les maths, et j'aimerais faire quelque chose qui reste pendant très longtemps, des siècles peut-être!

7 Je parle plusieurs langues, mais je crois que je suis trop lente pour être interprète!

8 J'adore la mode! Je voudrais faire un métier qui rende les gens plus beaux!

_____

_____

_____

_____

_____

_____

_____

1 *Réécris les phrases dans ton cahier en corrigeant les fautes pour avoir un résumé du texte. (→ Texte, p. 30)*

Après son bac, Pierre Lartigue a tout de suite commencé des études d'informatique.

Après ça, il a fait des stages et puis, il a continué dans un IUT de Services et Réseaux de communication à Besançon.

Il a un métier où il faut être créatif et où il n'y a heureusement jamais de problèmes techniques.

Maintenant, il travaille pour une grande entreprise de multimédia.

Il travaille toujours seul.

Ce qui l'ennuie, c'est qu'il fait tout le temps la même chose.

Il a deux fils avec lesquels il essaie les nouveaux jeux.

Il est fonctionnaire et ne peut pas perdre son travail.

En fait, il préférerait avoir un ou plusieurs chefs qui lui disent ce qu'il doit faire.

2 **a** *Qu'est-ce que ces expressions veulent dire?*
Coche la bonne case. (→ Liste alphabétique, p. 180 / dictionnaire)

1. travailler à son compte c'est:
   - [ ] travailler dans une banque
   - [ ] travailler à la maison
   - [ ] ne pas avoir de chef

2. éveiller la curiosité de quelqu'un c'est:
   - [ ] être curieux de la vie de qn
   - [ ] donner envie à qn d'apprendre qc
   - [ ] empêcher qn de poser des questions

3. posséder une bonne culture générale, c'est:
   - [ ] être intelligent
   - [ ] savoir des choses dans plusieurs domaines
   - [ ] être riche

4. rester ouvert à qc, c'est:
   - [ ] accepter qc
   - [ ] travailler longtemps à qc
   - [ ] expliquer qc

5. répondre aux besoins de qn, c'est:
   - [ ] téléphoner à qn
   - [ ] ne pas pouvoir vivre sans qn
   - [ ] faire ce que qn attend de qn

6. être bilingue, c'est:
   - [ ] savoir parfaitement deux langues
   - [ ] apprendre deux ou plusieurs langues
   - [ ] être né dans un pays et vivre dans un autre

b *Retrouve le bon mot ou la bonne expression dans les textes, p. 30–31 et complète.*

1. Une personne qui ne travaille plus parce qu'elle est trop âgée est _____

   _____ .

2. Le contraire d'un avantage c'est _____

   _____ .

3. L'endroit où on travaille s'appelle _____

   _____ .

4. Quand une personne sait beaucoup de chose, on dit qu'elle est _____

   _____ .

5. Quand une personne travaille avec d'autres personnes on dit qu'elle travaille _____

   _____ .

6. On parle de la vie de tous les jours ou de la vie

   _____ .

3

a *Dans les phrases, il manque toujours le même verbe. Trouve-le et complète les phrases à la forme qui convient.*

1. Hier, Sophie _____ de préparer sa visite guidée à minuit!

2. «Ressources humaines» est un film super qui se passe dans le monde du travail,

mais c'est dommage, qu'il _____ mal.

3. Lise ne savait pas ce qu'elle voulait faire plus tard. Elle

_____ par faire une formation de puéricultrice.

4. À quelle heure est-ce que vous _____ votre travail, le soir?

5. Tu es encore en train de travailler à ton exposé? Non, ça y est, j'_____ .

b *Traduis les phrases de* **a** *dans ton cahier. Qu'est-ce que tu remarques?*

c *Ta copine Karla voudrait devenir puéricultrice. Elle veut interroger Noémie, une jeune puéricultrice française mais ne parle pas français. Joue l'interprète.*

Karla: Frag sie, wie sie Kinderpflegerin geworden ist.

Toi: _____

_____

_____

_____

_____

Karla: Frag sie, worin ihre Arbeit besteht.

Toi: _____

_____

Noémie: Après le bac, j'ai d'abord fait un stage dans une école maternelle et le contact avec les jeunes enfants m'a beaucoup plu. Mais étant donné que les études sont longues, j'hésitais un peu. Je me suis renseignée et j'ai fini par me décider pour une école à Bordeaux qui répondait à mes besoins. Comme ça, je pouvais habiter chez ma tante.

Noémie: Étant employée dans un hôpital, je travaille dans le secteur médical. Je m'occupe de jeunes enfants malades. Je dois bien sûr aussi répondre aux questions des parents. Comme j'aime aider les autres, je fais un boulot qui correspond tout à fait à ma personnalité.

Toi: _____

_____

_____

Toi: _____

_____

_____

_____

4 ⭕ *Ces petites annonces pourraient-elles t'intéresser? Dis pourquoi. Réponds d'après le modèle. (→ Repères, p. 43/3)*

1 Cherche jeune sachant faire la cuisine pour aider dans un restaurant

2 Famille cherche jeune possédant voiture pour l'été.

3 Groupe de musique cherche fille ou garçon sachant jouer de la guitare.

4 Cherche jeune parlant anglais et allemand couramment pour travailler sur un camping

5 Entreprise multimédia cherche concepteur ayant déjà de l'expérience et connaissant travail d'équipe

6 Association pour la jeunesse cherche animateur aimant les enfants et la nature pour s'occuper d'un groupe de jeunes dans les Pyrénées du 11 juillet au 7 août

1. Cela m'intéresse / J'aurais envie de faire ça car je sais très bien faire la cuisine! Ce n'est pas pour moi: /

Je ne m'y vois pas: je ne sais pas faire la cuisine!

_____

_____

_____

_____

5 **a** ⭕ *Pour retrouver le texte, transforme les verbes à l'infinitif. Utilise le participe présent. (→ Repères, p. 43/3)*

Personnages: Clément, 12 ans, sa mère
La scène se passe dans le petit appartement où vivent les deux personnages. Clément, assis à la table de la salle à manger – salon, écrit. […] Sa mère lit un magazine.

poser   LA MÈRE (_____ *sur ses genoux[1] le magazine)*: Tu es encore sur tes devoirs?

continuer   CLÉMENT (_____ *à écrire)*: Non, non, j'ai fini.

LA MÈRE: Mais alors, qu'est-ce que tu fais?

hésiter   CLÉMENT (_____): J'écris une lettre.

réagir / sentir   LA MÈRE (_____ *comme un animal* _____ *le danger)*: À qui?

avoir   CLÉMENT (_____ *presque honte[2])*: À papa.

prendre   LA MÈRE (_____ *une voix glacée[3])*: Ah …

Elle regarde le magazine sans le lire. Puis elle se lève et passe derrière Clément pour voir ce qu'il a écrit et arrive à lire quelques mots.

s'approcher   LA MÈRE (_____ *lentement de son fils)*: Tu ne veux pas que je corrige tes fautes? Tu sais, ça ne lui ferait pas plaisir à papa de recevoir une lettre avec plein de fautes …

D'après: Bernard Friot, Scène, in: Histoires pressées

1 **le genou** das Knie 2 **avoir honte** sich schämen 3 **glacé/e** eiskalt

b ● *Imagine une scène de théâtre ou un scénario. Décris l'attitude des personnages comme en* **a** *et utilise le participe présent. Écris dans ton cahier.* (→ Repères, p. 43/3)

regarder qn parler dire ces mots	gentiment/méchamment ___
marcher courir	vite/lentement ___

rire   prendre qc   tenir qc

donner qc à qn   s'approcher de qn

remarquer qc/qn   faire qc   continuer à faire qc

éviter de faire qc   ___

6 *Complète avec le pronom démonstratif qui convient.* (→ Repères, p. 42/2)

1 Les informations qu'on trouve ici sont plus complètes que _____ que nous donnent les profs!

2 Tu as parlé avec le commercial de chez Chocopub?

3 Non, mais avec _____ de chez Bonbonpro!

4 Dans le secteur du multimédia, on cherche des gens! Mais pas dans _____ de l'archéologie!

5 Je trouve les emplois que propose Ordi Et Compagnie très intéressants.

6 Ah oui? Moi je préfère _____ de Jeux À Gogo! Ils sont plus amusants!

7 Dans l'agriculture, les conditions de travail sont très dures! _____ de la banque sont meilleures.

8 Je vais suivre les conseils de mon père: passer mon bac et commencer des études de droit.

9 Et moi, _____ de ma mère: passer un an comme jeune fille au pair en Angleterre et ensuite devenir institutrice!

10 Je cherche une possibilité pour entrer chez Yves-Saint-Laurent!

11 Il y a _____ de faire un stage. Tu ne seras pas payée mais cela te fera une expérience!

12 On prend cette sortie?

13 Non, _____ est plus près!

7 **a** *Réécris le texte suivant dans ton cahier en remplaçant «Martin» par «Maud et Mélanie». Attention aussi aux pronoms personnels ou objet!*

Martin a toujours voulu faire une école de théâtre. Dès la seconde, il s'est bien informé. À seize ans, il a déjà pris contact avec un scénariste que ses parents connaissaient et qui lui a promis de l'aider. Pendant trois ans, il s'est engagé dans le club théâtre de son lycée et il a joué des rôles importants dans plusieurs pièces. On l'a même vu à la télé régionale!

Après son bac, il a passé un concours pour entrer dans une école de théâtre et il l'a réussi! On l'a pris dans l'école la plus célèbre de France. Comme elle est à Paris, il a dû quitter sa famille, mais il s'est bien adapté à sa nouvelle vie. Il faut beaucoup travailler, mais il a confiance en ses profs!

b *Présente Martin à un copain qui ne parle pas français. Fais la médiation du texte de* **a** *dans ton cahier.*

8 *Voici des métiers qui ne sont pas courants. À ton avis, quels sont les points forts des gens qui exercent ces métiers? Où et comment travaillent-ils? Quels sont les avantages et les inconvénients de ces métiers? Aimerais-tu exercer un de ces métiers? Si oui, lequel et pourquoi? Écris un texte dans ton cahier. Attention aux temps et aux modes!*

cordiste

ingénieur du contrôle de la navigation aérienne

maître nageur sauveteur

dresseur d'animaux

luthier

archéologue

ingénieur forestier

1 **a** *Les Français adorent les abréviations*! Retrouve les noms complets qui correspondent aux abréviations apparaissant dans ton livre, p. 35–36, et complète le tableau.*

coursmoyendeuxagencenationalepourlemploibaccalauréatscientifiquecertificat
daptitudeprofessionnellecoursélémentaireunlycéeprofessionnelsectionéconomique
etsocialecourspréparatoirebrevetdenseignementprofessionnel

2

Nom complet	Abréviation
_____	_____
_____	_____
_____	_____
_____	_____
_____	_____
_____	_____
_____	_____
_____	_____

* **l'abréviation** *f.* die Abkürzung

b *Complète avec des abréviations de* **a** .

Ma petite sœur a fini l'école maternelle, elle entre en _____ .

À sept ou huit ans, à la fin du _____ , tous les élèves devraient savoir lire!

La dernière année de l'école primaire s'appelle le _____ .

Pour devenir coiffeuse, il faut faire un _____ de coiffure!

Après la troisième, il y a des élèves qui vont dans un lycée général et des élèves qui vont dans un _____ .

Avec un _____ , on n'a pas besoin de faire d'études, on peut commencer à travailler tout de suite.

Ceux qui sont bons en maths et en physique passent un _____ .

Mais ceux qui aiment l'économie peuvent aussi faire une section _____ .

Le plus important, c'est de ne pas se retrouver plus tard à l'_____ .

2 *Explique ce que font les élèves français après la troisième.*

_____

_____

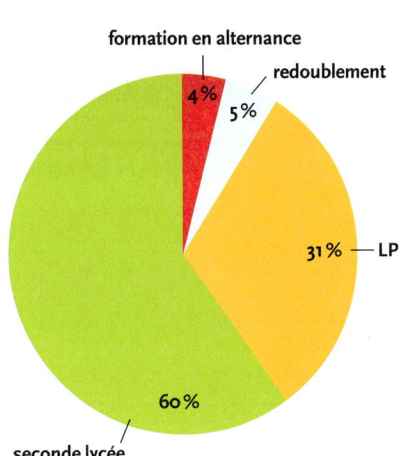

formation en alternance

redoublement

4 %

5 %

31 % — LP

60 %

seconde lycée

Orientation après la troisième

_____

_____

_____

_____

_____

_____

_____

3 *Complète.*

Avocat est une ⬚1 .
Mon père est prof, il travaille pour l'État et est donc ⬚2 .
À mon avis, tu ne réussiras jamais à faire cela. Ton idée n'est pas ⬚3 .
Je fais un métier très important, beaucoup de choses dépendent de moi, j'ai vraiment beaucoup de ⬚4 .
Un ⬚5 en entreprise permet de mieux connaître le monde du travail et de commencer à avoir de l'expérience jeune.
Pour devenir élève au conservatoire, il faut passer un ⬚6 .
Beaucoup de gens doivent prendre leur ⬚7 avant l'âge prévu.
C'est le mot familier pour travail: ⬚8 .
En France, on passe le ⬚9 à 17 ou 18 ans.

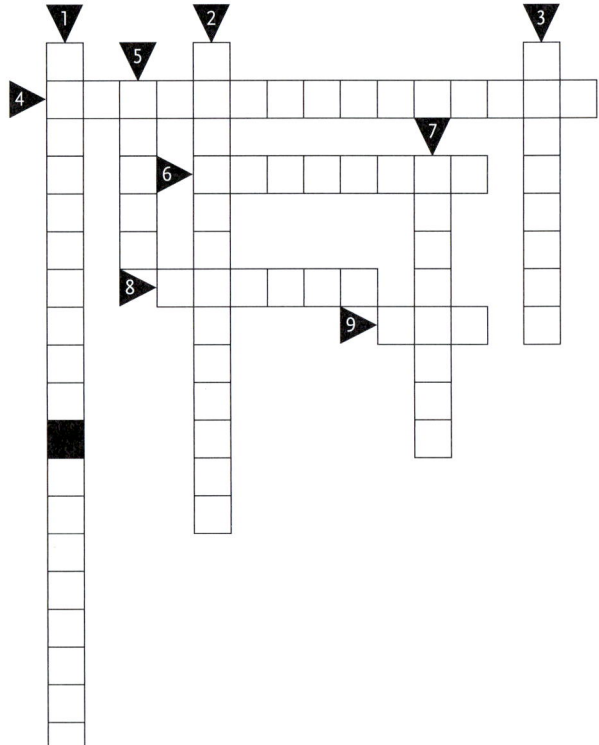

4 *Note les expressions synonymes dans ton cahier.*
(→ Texte p. 35–36)

Retrouve dans le texte, p. 35–36, comment ...

1. ... Benoît exprime qu'il va avoir des difficultés en maths.
2. ... Benoît exprime que parler des choses aide à les comprendre / aide à savoir ce qu'on veut.
3. ... Lise exprime qu'elle n'est absolument pas sûre de ce qu'elle veut. (2 expressions)
4. ... Lise exprime que le stage professionnel qu'on fait avant le bac n'est pas assez long.
5. ... Aïcha exprime qu'ils ont le temps.
6. ... Aïcha exprime qu'on n'est jamais absolument sûr de qc.

5 **a** *Complète les phrases. Utilise* y *ou* en. (→ Repères, p. 43/5)

Tout cela me déprime.

Super, ton idée! Il fallait _____ penser!

Tu peux bien venir avec nous. Qui t'_____ empêche?

Allez, tu vas _____ arriver.

Il faut _____ croire, c'est tout.

1

Je t'avoue que j'_____ ai réfléchi pendant des mois.

2

3

J'aimerais avoir beaucoup d'enfants. J'_____ rêve.

Alors, tes parents sont d'accord pour samedi?

Bon, alors tu vas passer ton bac et après tu feras des études de commerce.

Ben moi, avoir une famille, non merci, je n'_____ ai pas du tout envie.

4

Je ne leur _____ ai pas encore parlé.

5

Attends! Tu permets? Je voudrais _____ décider moi-même!!

6

b *Écris l'infinitif des verbes de* **a** *avec la bonne préposition dans ton cahier.*   **arriver à qc**

6 *Indicatif ou subjonctif? Complète.* (→ Repères, p. 43/4)

1. Ma cousine a trouvé un travail qui lui

_____ *(plaire)* beaucoup.

Moi aussi, j'aimerais un métier qui me

_____ *(plaire)*.

2. Mes parents et moi, nous cherchons un endroit où

nous _____ *(pouvoir)* passer

nos vacances en emmenant notre chien.

3. Mon oncle et ma tante ont acheté un appartement

en Guadeloupe où ils ne _____

(pouvoir) malheureusement pas souvent passer

leurs vacances car c'est trop loin de Paris où ils

_____ *(habiter)*.

4. Il vous faudrait un appartement qui

_____ *(répondre)* à vos besoins.

5. Mon copain rêve d'un métier qui

_____ *(correspondre)* bien à sa

personnalité. Pierre, lui, fait un métier qui

_____ *(correspondre)* à cent

pour cent à sa personnalité.

7 *Mets ces phrases à la forme négative.* (→ Repères, p. 43/4)

1. Je crois que Max est fâché.

_____

_____

2. Je pense que vous posez la bonne question.

_____

_____

3. Je crois que tu as raison.

_____

_____

4. Je pense qu'ils vont en vacances.

_____

_____

5. Ma mère pense que c'est une bonne solution.

_____

_____

6. Nos copains pensent que nous devons décider de notre avenir maintenant.

_____

_____

8 *Transforme ces phrases sans en changer le sens. Utilise* avant que, bien que *ou* pour que *et le subjonctif.* (→ Repères, p. 43/4)

1. Je vais bien travailler cette année, comme cela, mes parents seront contents de moi.

_____

_____

_____

2. Je veux bien essayer de t'aider, mais je ne comprends pas trop le sujet.

_____

_____

3. Vous allez partir, alors avant, on visitera le château.

_____

_____

9 *Quels sont les critères qui comptent pour toi dans le choix d'un métier? Écris un texte.*

_____

_____

_____

_____

_____

_____

10 **a** *Lis le texte. Cherche les mots que tu ne comprends pas dans le dictionnaire.*

Petite annonce

C'est le début qui m'a donné le plus de mal. J'ai d'abord essayé «Jeune garçon, grand, mince, très beaux yeux turquoise, longs cheveux blonds bouclés, traits réguliers, élève brillant dans toutes les matières, premier de piano et de banjo, sportif de haut niveau, excellente éducation, charmant,
5 modeste, distingué …»

Mais c'était un peu long.

Ensuite, j'ai essayé: «Jne gçn, phys. excpt., yx bl., bld bcl., exc. etds, mus. dipl., sptf, bn. man., nbr. qual …»

Mais ce n'était pas très clair.

10 Alors, j'ai essayé: «Jeune garçon, parfaitement parfait …»

Mais c'était trop sec.

Finalement, j'ai trouvé la bonne formulation: «Jeune garçon, beau, intelligent, doué, sportif, aimable, vend skateboard bon état. Tél. 89 24 96 57, heures de repas.»

Bernard Friot, Histoires pressées

b *Formule l'annonce, l. 7–8 sans utiliser d'abréviations.*

c *«Finalement, j'ai trouvé la bonne formulation.» Qu'en penses-tu? Écris ta réponse dans ton cahier.*

d *Tu expliques à un ami qui ne parle pas français de quoi il s'agit dans ces petites annonces.*
(→ Utiliser un dictionnaire, p. 108)

4 JF écoss. donne cours cornemuse ts ls jrs sur RDV.

3 Commune de Juan-les-Pins cherche JH pour trav. camping mois d'été, 200 €/mois logement sur place.

5 Agence de pub Lyon cherche stagiaire, bac + 3, juillet-août, non rémunéré.

2 Guide tour., angl. + esp., bon. conn. région, accomp. gr. et ind. tél Jean-Marc après 20:00 02.78.67.34.01.

1 Cherche jeunes 15–17 ans pour chantier archéologie Alpes Sud, près Nice.

_____

_____

_____

_____

_____

_____

_____

_____

_____

_____

_____

11 *Lis cette bédé et réponds aux questions dans ton cahier.*

1. Où sont les deux jeunes et qu'est-ce qu'ils font?
2. Que fait Arthur? Qu'est-ce que tu apprends sur Arthur en lisant la bédé?
3. «Avec une femme et plusieurs vies.» Explique ce que veut dire Arthur.

Faire une carrière d'avocat …

Ou moniteur de ski en hiver, moniteur de surf de vagues en été, on ne fait pas de longues études et on reste sportif …

Avec ou sans bac, il y a beaucoup de nouveaux métiers dans l'environnement. Là aussi, on est utile.

Concepteur[3] de jeux vidéo? Ou journaliste sur le net? Je suis bon en informatique …

1 **l'assassin** *m.* der Mörder / die Mörderin
2 **polluer** qc etw. verschmutzen
3 **le concepteur / la conceptrice** der/die Entwickler/in

Texte:
© Sylvie Gonsolin

1 *Lis le texte p. 46–47, note si c'est vrai ou faux et corrige les phrases fausses dans ton cahier.*

	vrai	faux
Le Front Populaire est le nom d'un parti politique de droite créé en 1936.	☐	☐
Le président du Front Populaire s'appelle Léo Lagrange.	☐	☐
Avant le Front Populaire, les ouvriers ne partaient pas en vacances.	☐	☐
Avant le Front Populaire, l'école était obligatoire jusqu'à 14 ans.	☐	☐
Avant le Front Populaire, les gens travaillaient 36 heures par semaines.	☐	☐
Avant le Front Populaire, il n'y avait pas d'allocations chômage.	☐	☐
En 1936, les Français sont pour la première fois tous partis en vacances!	☐	☐
Les auberges de jeunesse et les clubs de loisirs datent aussi de cette époque.	☐	☐
Le Front Populaire a accordé la semaine de trente-cinq heures.	☐	☐
Le Front Populaire a donné cinq semaines de vacances aux Français.	☐	☐
Le Front Populaire a négocié avec les patrons des Chemins de Fer pour que le train coûte moins cher aux salariés et à leurs familles.	☐	☐

▮▮▮▮▮▮ Lecture: Un article – J'ai découvert la mer

DELF **2** **a** *Lis le texte et réponds aux questions dans ton cahier.*

J'ai découvert la mer

Matthieu, 13 ans, a demandé à son grand-père André, 84 ans, de lui raconter ses premières «grandes vacances».

Mon père travaillait aux Chemins de fer français. Avant 1936, il avait déjà des jours de repos: deux semaines par an à prendre en deux fois. Mais le mot «vacances» n'existait pas. D'ailleurs on ne «partait» pas en vacances. Les gens restaient chez eux, faute d'argent ou bien ils rendaient visite à leur famille. Moi, j'avais l'habitude de passer l'été au bord du Cher, chez ma grand-mère. Mon père nous rejoignait une semaine en juillet et une semaine en août.

En 1936, mon père a eu le droit de prendre quinze jours de congés en une seule fois. C'est là que j'ai entendu le mot «vacances» pour la première fois. Nous ne sommes pas partis cette année-là parce que nous n'avions rien prévu ... On a attendu l'été suivant! Cette fois, nous avons pris le train pour Biarritz, sur la côte atlantique.

J'avais 15 ans, et j'ai vu la mer pour la première fois! C'était aussi la première fois que je dormais à l'hôtel et que j'allais au restaurant. Nous avons passé le temps à nous baigner, à jouer sur la plage et à visiter la région. Nous sommes rentrés à Blois, puis je suis reparti deux jours aux Sables-d'Olonne, en Vendée, où j'ai retrouvé ma cousine. Je garde un souvenir inoubliable de cet été 1937. À la rentrée, tous les copains parlaient des vacances, même s'ils n'étaient pas partis loin.

Le Monde des Ados n° 147 août 2006, p. 23

1. Quand est-ce que le grand-père de Mathieu a entendu le mot «vacances» pour la première fois? Pourquoi?
2. Quelles sont les nouveautés pour André au cours de l'été 1937?

b *Que faisaient tes grands-parents et tes parents pendant les vacances? Et toi, qu'est-ce que tu fais? Est-ce que la façon de passer les vacances a changé pour les jeunes dans ta famille depuis trois générations? Raconte. Écris dans ton cahier.*

1 **Vocabulaire thématique**

a *Traduis pour ton correspondant / ta correspondante.*

> Mein Vater ist Ingenieur und arbeitet mit einem Team von 20 Personen.
> Er arbeitet für ein großes Architektur-Unternehmen.
> Der Nachteil an seinem Job ist, dass er nicht oft zu Hause ist.
> Ich weiß noch nicht, was ich später machen möchte, aber ich weiß, dass ich
> selbstständig sein möchte, weil ich gern meine Arbeit selber organisiere.

_____

_____

_____

_____

_____

_____

b *Quel est leur métier? Réponds.*

_____   _____   _____   _____

2 **Le participe présent**

Transforme les expressions soulignées en utilisant le participe présent.

1. Comme je parle couramment anglais, je n'ai pas eu de mal à trouver un job d'été en Angleterre.

_____

2. Comme je suis assez bon en maths, je n'aurai pas de mal à faire un bac S.

_____

3. Cherche personne qui fabrique des bijoux et désire les vendre pour partager un stand au marché.

_____

3 L'emploi du subjonctif

Subjonctif ou indicatif? Complète à la forme qui convient.

1. Elle a un diplôme qui est reconnu internationalement, maintenant elle cherche un travail qui

   _____ *(correspondre)* à ses études.

2. Beaucoup de jeunes rêvent de faire carrière dans le sport ou la chanson, mais il faut aussi parler des incon-

   vénients de ces métiers pour qu'ils _____ *(pouvoir)* y voir plus clair.

3. Je pense que je _____ *(passer)* un an à l'étranger avant de décider de mon avenir.

4. Mon frère a trouvé un travail qui lui _____ *(plaire)* beaucoup.

4 Les pronoms démonstratifs

Complète avec le pronom démonstratif qui convient.

Panneau 1: Est-ce que vous parlez aussi des droits des élèves? — Mais oui, tu croyais que je parlais seulement de _____ des profs?

Panneau 2: Tu travailles encore pour le compte de ton chef? — Non, pour _____ de mon fils.

Panneau 3: Vous avez fait la croisière en Crête? — Oui, mais nous préférons _____ !

5 Les pronoms «y» et «en»

Réponds aux questions en utilisant y ou en.

1. Paul a-t-il envie de faire de longues études?

Non, _____

_____

2. Est-ce que tu penses passer un an comme jeune fille au pair en Italie?

Oui, _____

_____

Les solutions sont à la page 92.

DOSSIER **3** *Vers l'Europe*

Approches

1 *Trouve pour chaque adjectif le pays correspondant.* (→ Texte, p. 52/53)
Écris-le avec l'article. (→ Liste chronologique, p. 160)

belge   russe   japonais

_____   _____   _____

chinois   luxembourgeois   roumain

_____   _____   _____

néerlandais   espagnol   bulgare

_____   _____   _____

indien/hindou   autrichien   anglais

_____   _____   _____

2 *Que représentent ces photos? Trouve une légende pour chaque photo.* (→ Texte, p. 52/53)

_____   _____

_____   _____

_____   _____

_____   _____

3 ◀))) *Écoute le document sonore et coche la bonne réponse.*

1. Lise veut parler de son
   ☐a☐ expérience avec sa corres allemande.
   ☐b☐ échange.
   ☐c☐ avenir.

2. «Joyeux Noël» est un film
   ☐a☐ en deux langues.
   ☐b☐ en français.
   ☐c☐ en trois langues.

3. «Joyeux Noël» est un film
   ☐a☐ sur la Première Guerre mondiale.
   ☐b☐ la Guerre franco-allemande.
   ☐c☐ la Seconde Guerre mondiale.

4. Le prof dit que l'Europe
   ☐a☐ s'est construite en trois jours.
   ☐b☐ ne s'est pas construite du jour au lendemain.
   ☐c☐ s'est construite en deux semaines.

5. ☐?☐ de Yann se souvient de la Seconde Guerre mondiale.
   ☐a☐ Le grand-père
   ☐b☐ La grand-mère
   ☐c☐ Le voisin

6. Les parents de cette personne écoutaient le Général de Gaulle
   ☐a☐ à la télé.
   ☐b☐ à Paris.
   ☐c☐ à la radio.

▌▌▌▌▌▌▌ **La France en direct**

4 **a** *Lis ces textes et note d'où ils viennent: du traité de Rome, du traité de l'Élysée ou des Accords de Schengen.* (→ Texte, p. 52/53)

«L'Office a pour objet de resserrer les liens qui unissent les jeunes des deux pays, de renforcer leur compréhension mutuelle et, à cet effet, de provoquer, d'encourager et, le cas échéant, de réaliser des rencontres et des échanges de jeunes.»

_____

b *Tu ne connais pas tous les mots de ces textes. Explique comment tu as trouvé les solutions et note les mots-clés qui t'ont aidés. Écris dans ton cahier.*

«Dans le domaine de la circulation des personnes, les autorités de police et de douanes exercent, à partir du 15 juin 1985, en règle générale, une simple surveillance visuelle des véhicules de tourisme franchissant la frontière commune à vitesse réduite sans provoquer l'arrêt de ces véhicules.»

_____

«La Communauté a pour mission, par l'établissement d'un marché commun et par le rapprochement progressif des politiques économiques des États membres, de promouvoir un développement harmonieux des activités économiques dans l'ensemble de la Communauté, une expansion continue et équilibrée, une stabilité accrue, un relèvement accéléré du niveau de vie et des relations plus étroites entre les États qu'elle réunit.»

_____

1 **a** *Complète.*

Entre 1914 et 1918, la France et l'Allemagne étaient des pays ☐1.
La Première Guerre mondiale a fait 1,5 millions de ☐2 du côté
français et 2 millions du côté allemand.
Pendant la Première Guerre ☐10, les soldats se cachaient dans les ☐3.
Une ☐4 est une pause pendant la guerre.
L'☐5 est le chef d'un groupe de soldats.
Le ☐6 dirige aussi des soldats mais il doit écouter ce que dit
l'☐5 qui est son supérieur.
Il faut ☐7 les ☐2 dans un cimetière.
Le ☐8, c'est l'endroit où les soldats se battent.
Quand le soldat a le droit de rentrer chez lui on dit qu'il va en ☐9.

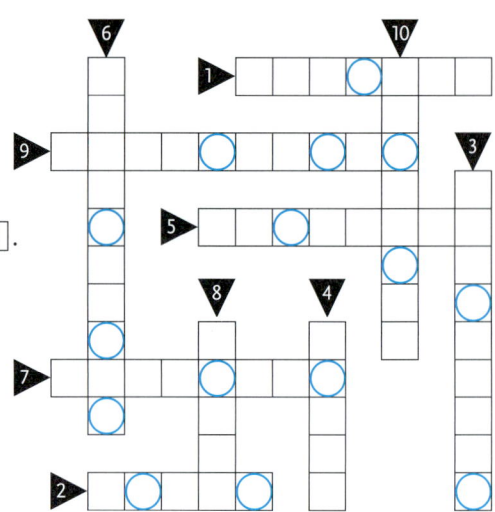

b *Complète la phrase suivante. Les cases encadrées en bleu t'aident à trouver le mot qui manque.*

Les _____ montrent que la guerre est absurde.

2 *Voici quelques images extraites du film Joyeux Noël. Décris-les. Écris dans ton cahier. (→ Texte, p. 52–53)*

3 ○ *L'élève utilise-t-il la forme active ou passive? Note le numéro des phrases à la bonne place.*

1. La Première et la Seconde Guerre mondiale ont ruiné l'Europe.
2. Des millions de personnes ont été tuées.
3. Le traité de Rome a été signé par six pays européens dont la France et l'Allemagne pour éviter que cela se répète.
4. Charles de Gaulle et Konrad Adenauer ont décidé la création l'OFAJ pour que les jeunes Allemands et les jeunes Français apprennent à se connaître.
5. Depuis 1995, les personnes qui passent les frontières entre les pays qui ont signé les accords de Schengen ne sont plus contrôlées.
6. Le premier janvier 2002 l'euro a été introduit.
7. En 2004, le nombre des langues officielles est passé à vingt-et-une.
8. L'Empire romain a été l'ancêtre de l'Union européenne.

forme active _____   forme passive _____

4 ● *Complète en utilisant le passif au passé.* (→ Repères, p. 64/2)

Ça alors, elle _____ en Chine! *(fabriquer)*

Il _____ le 13 août 1961. *(construire)*

Il _____ trop _____. *(caresser)*

Votre oncle _____ à côté de Molière. *(enterrer)*

Je n'ai rien fait!

Mais vous _____ près de la banque! *(voir)*

Il _____! *(oublier)*

5 *Mets le verbe entre parenthèses au temps du passé qui convient (imparfait, passé composé ou plus-que-parfait).*
Attention à l'accord du participe.

La guerre _____ (durer) depuis quatre mois. Les soldats ennemis dont les tranchées

_____ (être) à quelques mètres les unes des autres _____

(pouvoir) s'entendre parler donc ils _____ (commencer) à se connaître.

Le 24 décembre, les Allemands _____ (commencer) à chanter. Les Français et les

Écossais _____ (reconnaître) tout de suite qu'il _____

(s'agir) de mélodies qu'ils _____ (avoir) l'habitude de chanter aussi chez eux à Noël.

Alors, ils les _____ (chanter) aussi dans leur langue. À un moment, les soldats

_____ (sortir) des tranchées et _____ (découvrir) que

leurs «ennemis» _____ (ne pas être) des sauvages comme ils

_____ (le croire) d'abord mais des hommes comme eux. Ils _____

(avoir) aussi dans leur pays une famille qui leur _____ (manquer).

6 **a** *Retrouve les mots et écris-les. Ils sont tous utiles pour parler d'un film.*

natioc

l'_____

egren

le _____

tsaprecetu

le _____

momten écl

le _____

nussesep

le _____

maérca

la _____

hètem

le _____

sganenorpe

le _____

ruteca

l'_____

sogr lanp

le _____

b *Complète avec des mots de* **a** .

1. Cédric Klapisch avec *l'Auberge espagnole* et Christan Carion avec *Joyeux Noël* ont inventé un

_____ de film nouveau: le film européen en plusieurs langues.

2. *Joyeux Noël* n'est pas un film de guerre traditionnel mais il y a quand même beaucoup de

_____ : jusqu'à la fin, on se demande comment la fraternisation va se terminer.

3. Le _____ de ce film est la critique d'une guerre absurde.

4. L'_____ se déroule en décembre 1914 dans les tranchées près de la ville de Lens.

5. Le réalisateur fait des _____ sur les visages des _____

pour montrer les émotions des _____ .

6. Anna Sörensen chante pour les soldats. C'est un _____ du film.

7. Dans la salle de cinéma, l'émotion des _____ à la fin du film était grande!

7   **a** *Regarde les affiches. D'après toi, de quoi parlent ces films?*
Recherche des informations sur ces films sur Internet.
Y-a-t-il des éléments communs entre les trois films?
Écris dans ton cahier.

b *À toi. Écris un petit article sur un film de ton choix dans ton cahier. Utilise les mots de l'exercice 6.*
Tu peux aussi faire une affiche.

DELF **1** *Lis le texte p. 56–57 et coche la bonne case.*

1. La personne qui raconte l'histoire s'appelle
   Virginie et elle est
   ☐ Française.
   ☐ Souabe.
   ☐ Italienne.

2. Sa correspondante s'appelle
   ☐ Marie.
   ☐ Cornelia.
   ☐ Annette.

3. Elle vient pour
   ☐ une semaine.
   ☐ un mois.
   ☐ un an.

4. Elle va dormir
   ☐ dans la chambre du frère de Virginie.
   ☐ sur un matelas dans le salon.
   ☐ dans le lit de Virginie.

5. Elle
   ☐ a de l'asthme et ne parle pas français.
   ☐ n'a pas d'asthme et ne parle pas français.
   ☐ n'a pas d'asthme et parle français.

6. Virginie ira chez sa corres
   ☐ la semaine suivante.
   ☐ l'année suivante.
   ☐ jamais.

7. Virginie et sa corres
   ☐ vont se détester.
   ☐ ne réussiront pas à se parler.
   ☐ s'écriront plus tard de longues lettres.

8. Quand Virginie est rentrée d'Illerkirchberg elle
   ☐ était très malade.
   ☐ intimidait ses parents.
   ☐ parlait allemand en dormant.

9. Au début, Virginie parlait très mal l'allemand,
   mais elle l'a appris parce qu'elle
   ☐ est tombée amoureuse d'un allemand.
   ☐ a fait des études d'allemand et beaucoup de
      séjours en Allemagne.
   ☐ a regardé tous les jours Maya l'abeille et Rue
      Sésame en allemand.

10. Pour Virginie, sa corres allemande est
    ☐ sa seule amie allemande.
    ☐ sa meilleure amie.
    ☐ un très mauvais souvenir.

2 **a** *Virginie passe par différents états d'âme*. Relis le texte et relie les phrases suivantes. Il y a quelquefois plusieurs possibilités. (→ Texte, p. 56/57)*

Elle est heureuse		elle est la dernière de la liste alphabétique.
Elle s'inquiète		elle apprend que sa correspondante ne parle pas français.
Elle est intimidée		elle s'avance vers sa correspondante.
Elle reprend ses esprits	quand	elle doit prêter sa chambre à sa correspondante.
Elle est énervée	parce qu'	elle a trouvé une amie exceptionnelle.
Elle est frappée		on ne l'appelle pas.
Elle est de mauvaise humeur		ils vont à la maison.

* **l'état d'âme** *m.* der Gemütszustand

b *Reécris des phrases entières dans l'ordre du texte.*

_____

_____

_____

_____

_____

3 *Retrouve dans le texte les cinq lieux principaux dont on parle. Dis qui y a été quand et pourquoi et reconstitue l'histoire de l'amitié des deux jeunes filles. Écris dans ton cahier.*

4   **a** *Retrouve dans la grille 16 adjectifs qui servent à décrire le caractère d'une personne.*

W	P	F	R	I	P	R	O	L	C	A	T	T	U
M	O	D	E	S	T	E	I	H	U	M	A	I	N
P	L	I	S	A	N	D	U	R	L	O	I	M	A
V	I	M	P	R	U	D	E	N	T	E	V	I	F
H	A	Y	O	N	P	O	U	F	I	O	R	D	I
H	O	N	N	Ê	T	E	L	U	V	I	B	E	L
O	M	I	S	F	U	S	T	L	É	R	S	P	V
S	U	J	A	L	O	U	X	I	Z	A	I	G	I
J	I	N	B	O	M	F	A	T	E	P	N	I	O
U	S	I	L	O	N	P	B	O	K	I	C	M	L
R	U	S	E	N	S	I	B	L	E	O	È	P	E
N	O	L	I	M	A	P	R	É	C	O	R	I	N
K	R	O	P	U	D	R	P	R	U	D	E	N	T
Z	A	S	T	O	U	R	Y	A	G	I	N	O	S
R	H	I	P	G	R	O	E	N	G	A	G	É	F
L	O	P	A	C	U	P	E	T	I	D	O	M	I

_____ _____

_____ _____

_____ _____

_____ _____

_____ _____

_____ _____

_____ _____

_____ _____

b *Trouve le contraire des adjectifs suivants à l'aide d'un dictionnaire monolingue.*
(→ Utiliser un dictionnaire monolingue, p. 110)

humain

≠ _____

honnête

≠ _____

sensible

≠ _____

engagé

≠ _____

tolérant

≠ _____

prudent

≠ _____

responsable

≠ _____

c *Quelles sont les qualités qui comptent pour toi chez un ami? Quels sont les défauts que tu n'acceptes pas? Utilise un maximum d'adjectifs de* **a** *et* **b** *et écris un texte dans ton cahier.*

5 ◯ *Complète les phrases par des pronoms possessifs.* (→ Repères, p. 64/3)

Regarde!
Lucas a les mêmes
baskets que toi!

Mais non! _____
sont bleues et blanches.

Cette voiture,

c'est _____ ?

Ce ne sont pas les
lunettes de Nordine?

Si, ce sont _____ !

Ben, oui, j'ai passé mon
ordinateur à Marc et Julien.

_____ ne
marche plus.

J'ai acheté mon vélo chez
Rayon, c'est là où Chloé

a acheté _____ .

Ah non! Nos
valises sont
pleines.
Mettez ça dans

_____ .

6 **a** ● *Tu discutes avec ton/ta correspondant/e en français. N'oublie pas d'utiliser le pronom possessif.*
(→ Repères, p. 64/3)

1. Mein Lieblingssport ist ___ . Und deiner?
2. Wer ist dein/e Lieblingssänger/in? Meine/r ist ___ .
3. Wie heißen deine besten Freunde? Meine heißen ___ .
4. Meine Stadt ist ___ . Wie ist deine?
5. Unsere Ferien fangen bald an. Wann sind eure?
6. Wie ist eure Schule? Unsere ist ___ !
7. In meiner Klasse sind ___ Schüler. Und in deiner?

_____

_____

_____

_____

_____

_____

_____

Biographie langagière Sprachbiographie

Présentation

Nom _____

Prénom _____

Date de naissance _____

Lieu de naissance _____

Adresse _____

_____

École _____

Adresse de mon école _____

_____

Classe _____   Année scolaire: 20_____ – 20_____

Langues que je parle _____

_____

_____

_____

Séjours dans un pays francophone

Quand?	Combien de temps?	Où?	Pourquoi?
_____	_____	_____	_____
_____	_____	_____	_____
_____	_____	_____	_____
_____	_____	_____	_____
_____	_____	_____	_____

Passeport de langues Sprachenpass

Hier kannst du deine Französischfortschritte in den Bereichen Hören,
Lesen, Sprechen, Schreiben und Landeskunde in diesem Lernjahr feststellen.
Schlage deinen Portfolio hierzu regelmäßig auf – am besten,
nachdem du einen bilan autocorrectif abgeschlossen hast.
Gehe die einzelnen Punkte durch und schätze dich selbst ein.

☒☒☒	sehr gut
☒☒☐	gut
☒☐☐	noch nicht so gut

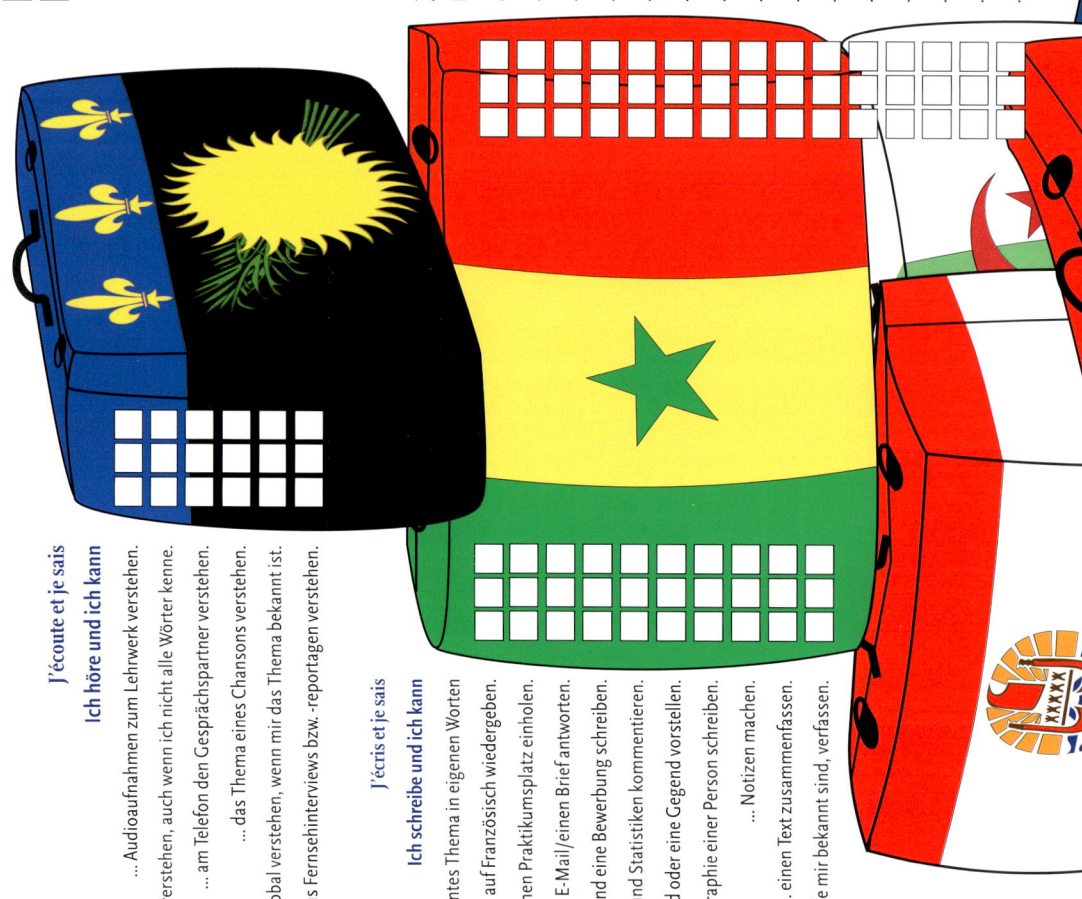

J'écoute et je sais
Ich höre und ich kann

... Audioaufnahmen zum Lehrwerk verstehen.

... das Thema eines Gespräches verstehen, auch wenn ich nicht alle Wörter kenne.

... am Telefon den Gesprächspartner verstehen.

... das Thema eines Chansons verstehen.

... Spielfilmauszüge global verstehen, wenn mir das Thema bekannt ist.

... Auszüge aus Fernsehinterviews bzw. -reportagen verstehen.

J'écris et je sais
Ich schreibe und ich kann

... einen deutschen Text über ein mir bekanntes Thema in eigenen Worten auf Französisch wiedergeben.

... Informationsmaterial über Aufenthaltsmöglichkeiten oder einen Praktikumsplatz einholen.

... eine E-Mail/einen Brief schreiben oder auf eine E-Mail/einen Brief antworten.

... einen Lebenslauf und eine Bewerbung schreiben.

... Umfragen und Statistiken kommentieren.

... ein Land oder eine Gegend vorstellen.

... die Biographie einer Person schreiben.

... Notizen machen.

... einen Text zusammenfassen.

... leichte Artikel zu Themen, die mir bekannt sind, verfassen.

Je lis et je sais
Ich lese und ich kann

... E-Mails verstehen.

... (förmliche) Briefe verstehen.

... französische SMS verstehen.

... Wörter und Ausdrücke in einem zweisprachigen Wörterbuch nachschlagen.

... ein einsprachiges Wörterbuch benutzen.

... im Internet oder in anderen Medien nach Informationen suchen.

... eigene Texte Korrektur lesen.

... Anzeigen aus dem Internet oder in Zeitungen verstehen.

... Texte, die Elemente der Jugendsprache enthalten, verstehen.

... Texte, die den Werdegang einer Person beschreiben, verstehen.

... leichtere authentische literarische Texte verstehen.

... Artikel aus Zeitschriften verstehen.

... Sachtexte verstehen.

... Kleinanzeigen verstehen, wenn sie nicht zu schwierige Abkürzungen enthalten.

... Umfragen und Statistiken verstehen.

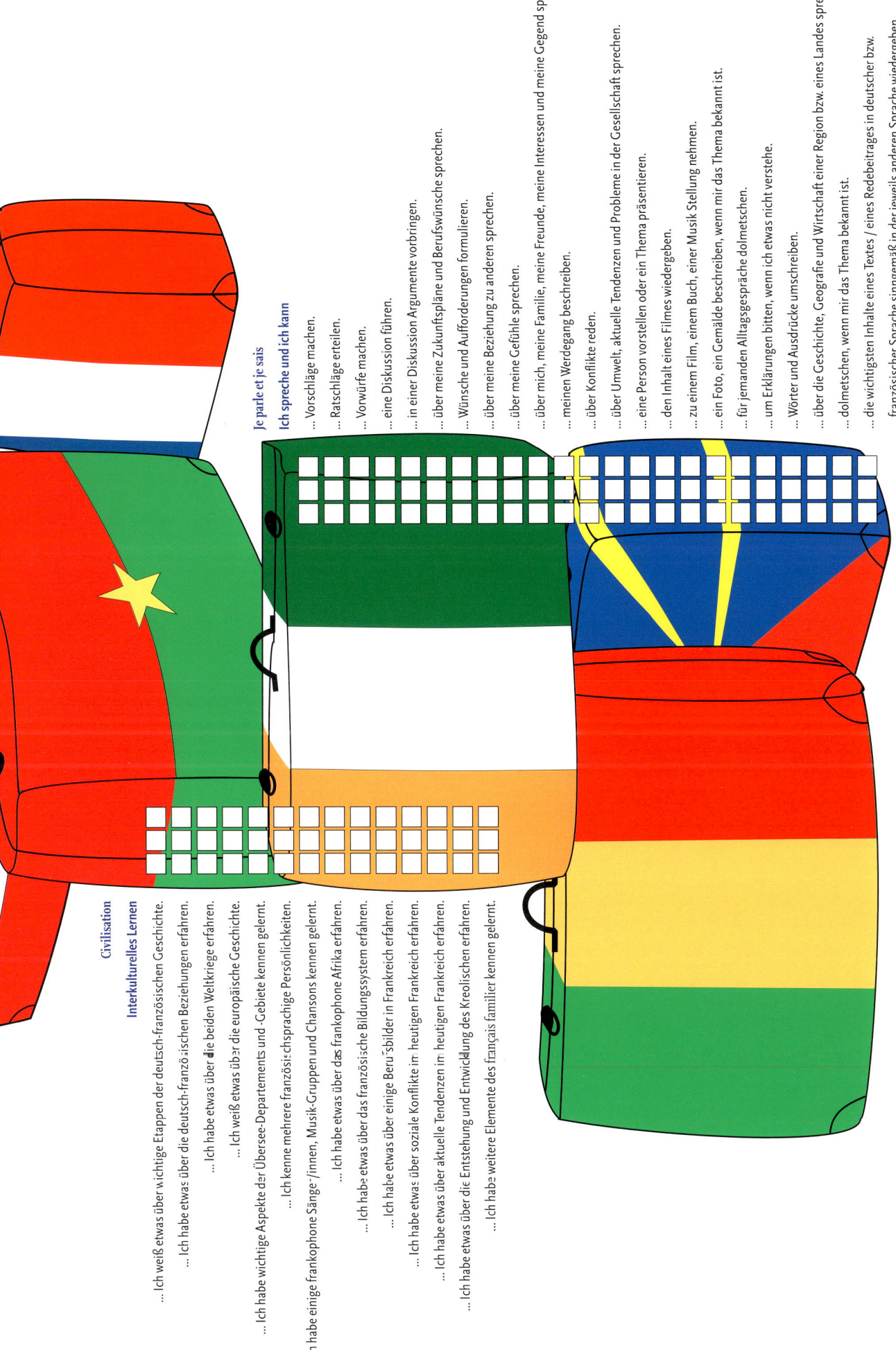

Je parle et je sais
Ich spreche und ich kann

... Vorschläge machen.

... Ratschläge erteilen.

... Vorwürfe machen.

... eine Diskussion führen.

... in einer Diskussion Argumente vorbringen.

... über meine Zukunftspläne und Berufswünsche sprechen.

... Wünsche und Aufforderungen formulieren.

... über meine Beziehung zu anderen sprechen.

... über meine Gefühle sprechen.

... über mich, meine Familie, meine Freunde, meine Interessen und meine Gegend sprechen.

... meinen Werdegang beschreiben.

... über Konflikte reden.

... über Umwelt, aktuelle Tendenzen und Probleme in der Gesellschaft sprechen.

... eine Person vorstellen oder ein Thema präsentieren.

... den Inhalt eines Filmes wiedergeben.

... zu einem Film, einem Buch, einer Musik Stellung nehmen.

... ein Foto, ein Gemälde beschreiben, wenn mir das Thema bekannt ist.

... für jemanden Alltagsgespräche dolmetschen.

... um Erklärungen bitten, wenn ich etwas nicht verstehe.

... Wörter und Ausdrücke umschreiben.

... über die Geschichte, Geografie und Wirtschaft einer Region bzw. eines Landes sprechen.

... dolmetschen, wenn mir das Thema bekannt ist.

... die wichtigsten Inhalte eines Textes / eines Redebeitrages in deutscher bzw. französischer Sprache sinngemäß in der jeweils anderen Sprache wiedergeben.

Civilisation
Interkulturelles Lernen

... Ich weiß etwas über wichtige Etappen der deutsch-französischen Geschichte.

... Ich habe etwas über die deutsch-französischen Beziehungen erfahren.

... Ich habe etwas über die beiden Weltkriege erfahren.

... Ich weiß etwas über die europäische Geschichte.

... Ich habe wichtige Aspekte der Übersee-Departements und -Gebiete kennen gelernt.

... Ich kenne mehrere französischsprachige Persönlichkeiten.

... Ich habe einige frankophone Sänger/-innen, Musik-Gruppen und Chansons kennen gelernt.

... Ich habe etwas über das frankophone Afrika erfahren.

... Ich habe etwas über das französische Bildungssystem erfahren.

... Ich habe etwas über einige Berufsbilder in Frankreich erfahren.

... Ich habe etwas über soziale Konflikte im heutigen Frankreich erfahren.

... Ich habe etwas über aktuelle Tendenzen im heutigen Frankreich erfahren.

... Ich habe etwas über die Entstehung und Entwicklung des Kreolischen erfahren.

... Ich habe weitere Elemente des français familier kennen gelernt.

Activités principales

Décris ici tes activités principales cette année en français en quelques phrases. N'oublie pas de mettre tes travaux dans ton dossier.

Exposés/présentations/productions

_____

_____

_____

_____

Projets

_____

_____

_____

_____

Lectures/bédés/journaux/magazines

_____

_____

_____

_____

Films / émissions télévisées / émissions radiophoniques / spectacles

_____

_____

_____

_____

b *À toi. Pose encore deux ou trois questions comme en* **a** *.*

_____

_____

_____

_____

_____

Réviser: les pronoms

7 *Réécris la phrase en remplaçant le mot souligné par un pronom.*

1. Les correspondants sont arrivés vendredi. Le prof d'allemand a montré le lycée <u>aux correspondants</u>.

   _____

   _____

2. Ensuite, <u>les correspondants</u> sont allés dans leur famille d'accueil.

   _____

   _____

3. Ils ont mangé et ils ont pu poser leurs valises et sortir leurs affaires <u>de leurs valises</u>.

   _____

   _____

4. Ils avaient apporté des cadeaux et ils ont donné <u>les cadeaux</u> à tout le monde.

   _____

   _____

5. Mes parents ont reçu un livre de mon correspondant. Ils ont dit merci <u>à notre correspondant</u>.

   _____

   _____

6. <u>À moi</u>, il a apporté un CD de rock allemand.

   _____

7. Nous avons écouté <u>le CD</u> ensemble.

   _____

   _____

8. Puis notre classe et la classe allemande sont sorties ensemble. <u>Notre classe et la classe allemande se</u> sont retrouvées au stade pour un match de foot.

   _____

   _____

   _____

8 **a** *Lis ces documents sur différents systèmes scolaires en Europe. Tu peux utiliser un dictionnaire bilingue.*
(→ Utiliser un dictionnaire bilingue, p. 108)

Notre collège 25 étoiles

A partir des témoignages d'ados de toute l'Union, *Okapi* a imaginé ce que pourrait être un collège 100 % européen.

57 millions C'est le nombre d'ados (10-19 ans) de l'Union européenne. Soit 12,5 % de la population totale.

18 ans Jusqu'à cet âge, l'école est obligatoire pour les jeunes Hongrois. Mais dans tous les autres pays de l'Union, c'est 15 ans ou 16 ans.

15 % C'est la proportion des cours consacrés aux maths dans presque toute l'Union. Ce qui en fait la matière la plus européenne. Pour les autres matières, cela varie davantage entre les pays.

175 jours C'est en Espagne qu'il y a le moins de jours de classe. Mais le nombre d'heures de cours par an est l'un des plus élevés d'Europe (906 h) avec les Pays-Bas (983 h) et la France (940 h), alors que la Lituanie n'en compte que 619.

Séjours linguistiques à la mode tchèque

Simon et Zuzana (Rép. tchèque) : *"Pendant une semaine, le matin ou l'après-midi, on a 4 heures d'anglais. Le reste du temps, on fait du ski. Chaque jour, un groupe publie un journal en anglais."*

Séjours linguistiques, ciné-club en VO, échanges sur Internet... En Europe, les méthodes d'apprentissage des langues étrangères sont très variées.

Après-midi au goût allemand

Ulrike (All.) : *"Après les cours, je fais du théâtre, je vais à la chorale."*

Katerina (Chypre) : *"Après 13 h 30, on s'occupe de nos devoirs, on étudie des langues étrangères, on joue de la musique."*

Veronika (Slovaquie) : *"L'après-midi, je fais du sport, de l'informatique."*

Beaucoup de pays européens ont choisi, comme l'Allemagne, de ne faire classe que le matin, pour consacrer l'après-midi aux activités physiques et artistiques.

Nom à la grecque

En Europe du Nord et de l'Est, c'est le mot "gymnasium", d'origine grecque, qui désigne le plus souvent les collèges. L'école publique est majoritaire : seuls les Pays-Bas et la Belgique comptent plus de collèges privés que publics.

Orientation à l'irlandaise

Niamh (Irlande) : *"Les profs nous font passer des tests et mettent des appréciations dans notre carnet de correspondance. Même si on a des mauvaises notes, on ne redouble pas !"*

Ça a l'air cool, l'Irlande, mais attention, à la fin du collège, ils doivent passer un examen pour pouvoir entrer au lycée !

Notation polonaise

Marcin (Pologne) : *"Nous sommes notés de 1 à 6. Le système français, sur 20, est plus juste. Mais ici, on n'a pas d'examen final, type brevet des collèges. Toutes nos notes de l'année sont prises en compte."*

La Pologne, la Slovénie, l'Espagne, l'Autriche, la Suède, le Luxembourg et une partie de l'Allemagne ont choisi le contrôle continu intégral.

Informatique version britannique

Emma (Royaume-Uni) : *"Chez nous, il n'y a pas de cours obligatoire de TIC (technologies de l'information et de la communication), mais on utilise ces outils dans toutes les matières, pour préparer un exposé, faire une présentation animée, etc."*

Presque tous les pays européens ont les TIC au programme. Mais ce sont surtout les pays du Nord qui les utilisent comme outils dans les autres matières.

Emploi du temps sauce italienne

Chiara (Italie) : *"On a 5 heures de cours les lundi, mercredi, jeudi et samedi, et 6 heures les mardi et vendredi. On va au collège le matin, ensuite on fait nos devoirs."*

Si les matières enseignées sont à peu près les mêmes d'un pays à l'autre, les différences sont plus tranchées pour les rythmes scolaires : pour les Anglais, le week-end, c'est sacré. En France, on privilégie une coupure dans la semaine et, surtout, un vrai temps de repas.

b *Comment t'imagines-tu un collège idéal?*
Décris une journée / une semaine dans ce collège.
Écris dans ton cahier.

|||||||| **Lecture**

1   **a** *Lis ce texte à l'aide d'un dictionnaire bilingue.* (→ Utiliser un dictionnaire bilingue, p. 108)

> De 1939 à 1945, la Seconde Guerre mondiale mit le monde à feu et à sang. Le 10 mai 1940, les armées allemandes envahirent la France et le 14 juin, elles arrivèrent à Paris. La France était vaincue. Tandis que le 18 juin, le général de Gaulle, réfugié en Angleterre, appelait les Français à la résistance, le maréchal Pétain, héros de la Première Guerre mondiale, signa l'armistice. Avec l'armistice, la France fut partagée en deux: l'armée allemande occupa le nord tandis que le sud resta libre jusqu'en novembre 1942.
>
>
> le Débarquement
>
> Les années noires de l'Occupation commencèrent dès 1940: les magasins presque vides, le couvre-feu, la peur des arrestations. Des groupes de résistants se formèrent: des Français, qui n'acceptaient pas l'armistice ou ne voulaient pas partir travailler en Allemagne, prirent le maquis.
>
> Dès le début, la France de Pétain collabora avec l'Allemagne et adopta des lois antisémites. En juillet 1942, plus de 13 000 juifs furent arrêtés à Paris par la police française. La plupart moururent dans les camps de concentration.
>
>
> la libération de Paris
>
> Dans la nuit du 5 au 6 juin 1944, les Américains, les Canadiens et les Anglais débarquèrent sur les plages de Normandie. Ce fut le début de la Libération. Paris fut libéré le 25 août 1944.

  b *Cherche dans le texte des phrases qui expliquent les phénomènes suivants:*

l'Occupation   la Résistance

la Collaboration   le Débarquement

  c *Souligne dans le texte toutes les formes au passé simple. Réécris ce texte au passé composé dans ton cahier.*

DELF   **2**   *Réponds aux questions dans ton cahier.*
(→ Texte, p. 65–67)

—**1**——————————————
1. Qui sont Pierrot et Grand-Pierre?
2. Où et quand est-ce que la scène se passe?
3. Qu'est-ce qu'on apprend sur Grand-Pierre quand il avait l'âge de Pierrot?
4. Pourquoi est-ce que Grand-Pierre est bouleversé?

—**2**——————————————
5. Qu'est-ce qu'on apprend de plus sur Grand-Pierre et sa famille à cette époque-là?
6. Qu'est-ce qu'il s'est passé un dimanche où il était à la pêche comme tous les dimanches?
7. Qui est Kurt et qu'est-ce qu'il a fait?

—**3**——————————————
8. Que fait Grand-Pierre après que les Allemands ont arrêté sa famille?
9. Explique pourquoi le père de Grand-Pierre a été fusillé et les femmes ont été déportées.

3 ✏ *Reconstituez le résumé de la nouvelle en remettant les phrases dans l'ordre.*
(→ Texte, p. 65–67)

A Le lendemain, des soldats mettent le feu à la ferme de Grand-Pierre.

B Un jeune soldat découvre Grand-Pierre mais il ne dit rien aux autres.

C Le frère de Grand-Pierre fait partie de la Résistance.

D Grand-Pierre se cache et ne bouge plus.

E L'histoire se passe pendant l'Occupation.

F Ces gens repartent avec des provisions.

G Quand les soldats sont partis, Grand-Pierre découvre son chien mort.

H Un dimanche, Grand-Pierre part très tôt pour aller pêcher.

I Grand-Pierre entre dans la maison et prépare ses affaires.

J Arrivé près de la maison, Grand-Pierre voit des soldats qui arrêtent sa famille.

K Souvent, des gens viennent à la ferme la nuit.

L Au bord de l'eau, Grand-Pierre sent que quelque chose ne va pas et il rentre.

---

4 *Ton/ta correspondant/e lit dans un magazine un article en allemand qu'il/elle ne comprend pas bien. Explique-lui en quatre ou cinq phrases qui était Sophie Scholl.* (→ Faire une médiation, p. 112/113)

Die Widerstandskämpferin Sophie Scholl

Sophie Scholl wurde am 9. Mai 1921 in Forchtenberg (Württemberg) geboren. Sie wuchs in Ulm auf. Sophie Scholl stand dem Nationalsozialismus zunächst positiv gegenüber und war während ihrer Gymnasialzeit Mitglied des BDM (Bund Deutscher Mädel). 1942 nahm sie ein Studium der Biologie und Philosophie an der Münchener Universität auf und schloss sich der von ihrem Bruder gegründeten Widerstandsgruppe „Die Weiße Rose" an. Ab Mai 1942 entwarf und verteilte die „Weiße Rose" ihre ersten Flugblätter, in denen sie zum Widerstand gegen den Nationalsozialismus aufrief. Während einer Flugblätteraktion an der Münchener Universität wurden Sophie und Hans Scholl am 18. Februar 1943 verhaftet, am 22. Februar vom Volksgerichtshof zum Tode verurteilt und noch am selben Tag zusammen mit einem anderen Mitglied der „Weißen Rose", Christoph Probst, hingerichtet.

5 **a** *Lis ce texte et cherche dans un dictionnaire les mots que tu ne comprends pas.* (→ Utiliser un dictionnaire, p. 108)

Tomi Ungerer est né en 1931 en Alsace redevenue française en 1918 après quarante-sept années d'annexion allemande. En 1940, l'Allemagne annexe une nouvelle fois l'Alsace. Tomi Ungerer, comme tous les Alsaciens, devient allemand. Une politique de germanisation se met alors en place jusqu'en 1944–45 date à laquelle l'Alsace retourne à la France. Ceci explique une situation très particulière où trois langues (le français, l'allemand et le dialecte alsacien) continuent à coexister.

Tomi Ungerer raconte dans son livre «À la guerre comme à la guerre» ses souvenirs d'enfance.

«D'abord les prénoms: Tomi, Jean Thomas, devint Hans Thomas, parfois aussi Johann. Yvonne se transforma en Irmgard, ma sœur Vivette en Genoveva. Bizarrement, le prénom de ma sœur Edith resta le même.

On changea aussi les noms de famille. Boulanger en Bäcker, Meunier en Müller, Grandjean en Grosshans. [...]

Porter le béret, qu'ils nommaient aussi *Hirnverdunklungskappe,* était interdit et puni d'une amende de 150 marks ou de six mois de prison. [...]

L'alliance se portait maintenant à la main droite, comme en Allemagne. Il fallait changer les robinets marqués «chaud» et «froid» ainsi que les récipients «sel» et «poivre».

Il était interdit de consulter le Larousse sans autorisation spéciale.

Tous les diplômes et tableaux portant des textes en français devaient être retirés, puisqu'il s'agissait de «décorations francophiles». [...]

Le français fut interdit: dire «bonjour» justifiait un avertissement, une amende de trois marks, et plus tard une arrestation. [...]

À l'automne [1945], ce fut la rentrée des classes au lycée re-Bartholdi. Comme un déjà vu, tout ce qui était allemand devait brûler dans un grand feu de joie. La magnifique bibliothèque brûla. Goethe, Schiller, même les bustes des philosophes grecs et romains y passèrent. [...] Au lycée, le changement de régime fut traumatisant. Il était interdit de parler l'alsacien, tout comme le français pendant l'Occupation.»

D'après: Tomi Ungerer, À la guerre comme à la guerre, L'École des loisirs, Paris 2002

b *Explique avec tes propres mots les expériences de jeunesse de Tomi Ungerer.*

_____

_____

_____

_____

_____

_____

_____

_____

_____

_____

1 **Vocabulaire thématique**

a *Trouve un mot de la même famille.*

l'action   créer   oublier

_____   _____   _____

le spectacle   le touriste   timide

_____   _____   _____

durer   le frère   le monde

_____   _____   _____

b *Quelle expression correspond à quelle action?*

Le jeune acteur que ton amie adore vient lui parler
après le spectacle mais elle devient toute rouge et ne
sait pas quoi dire. ☐1

Tu as été surpris(e) par quelque chose et tu ne savais
plus quoi faire, mais tout d'un coup, cela allait mieux. ☐2

Tu as reçu une lettre que tu n'attendais pas et
tu es stupéfait(e). ☐3

On te demande comment ton copain a réagi quand il
a appris que son frère était très malade. ☐4

Tu attends de passer un examen.
Un ami te demande si tu es stressé/e*. ☐5

☐a «Je suis médusé(e).»
☐b «Elle est intimidée!»
☐c «J'ai le cœur a cent à l'heure.»
☐d «Il a parlé d'une voix cassée.»
☐e «J'ai repris mes esprits.»

** **être stressé/e** gestresst sein*

c *Traduis en français.*

1. Die Handlung des Films beruht auf mehreren wahren Geschichten.

_____

2. Die Leutnants einigen sich, ihre Toten zu begraben.

_____

3. Der Pastor wird eine Messe lesen.

_____

4. Die Verbrüderung wurde zwei Jahre lang geheim gehalten.

_____

2 Les pronoms possessifs

Complète avec le pronom possessif qui convient.

Tes yeux sont beaucoup plus grands que _____ .

Mon nez est beaucoup plus grand que _____ .

Ta fille connaît des chansons plus jolies que la _____ .

Nos animaux domestiques font moins de bruit que les _____ .

Vos prisons sont plus originales que _____ .

Notre planète est beaucoup plus grande que _____ .

3 Le passif

Que va dire le reporter?
Fais des phrases en
utilisant le passif.

1. deux touristes /
   sauver / dans les
   Alpes / guide de
   montagne

Deux touristes ont été sauvés dans les Alpes par

un guide de montagne.

2. nouveau pont dans l'Aveyron / ouvrir / dans deux
   ans

   _____

   _____

3. Match Marseille-Lille / gagner / équipe de l'OM

   _____

   _____

4. but / marquer / capitaine de l'équipe / à la dernière
   minute du match

   _____

   _____

5. nouveau film de Christian Carion / présenter /
   dans deux mois

   _____

   _____

6. deux criminels / arrêter / jeune policier / hier soir
   à Marseille

   _____

   _____

7. nouvelle ligne de TGV / ouvrir / l'année prochaine

   _____

   _____

Les solutions sont à la page 93.

■■■■ **Approches**

1   **a** *Remplis la grille en donnant un mot de la même famille des mots ci-dessous. (→ Liste alphabétique des mots, p. 180)*

1	chaud	4	né	7	nouveau
2	commerçant	5	économie	8	production
3	scolariser	6	justice	9	régulièrement

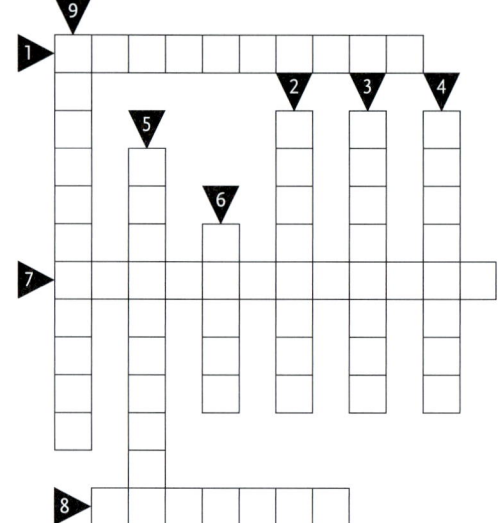

b *Utilise un dictionnaire monolingue et cherche pour chacun des couples de mots de* **a** *un ou deux mots supplémentaires de la même famille. Lis leur définition et donne une traduction en allemand. Écris dans ton cahier. (→ Utiliser un dictionnaire monolingue, p. 110)*

Exemple:
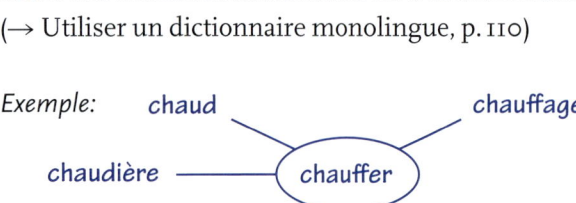

2   **a** ◀🔊 *Écoute le document sonore encore une fois et remplis la grille.*

Quel est leur geste pour la planète?

Claudine _____

Alex _____

Léonie _____

David _____

Camil _____

Zoé _____

Juliette _____

b *Explique à quoi sert le geste de ces jeunes.*

_____

_____

_____

_____

3   **a** *Complète avec le verbe de la liste qui convient au futur.*

essayer   prendre   trier   survivre   réchauffer   avoir   lutter   avoir lieu   être *(x 2)*

SCIENCE-FICTION CATASTROPHE!

En l'an 3000, je _____ mort et vous ne _____ plus là non plus!

Mais nos arrière-petits-enfants* ne _____ plus de bain parce qu'il n'y

_____ plus d'eau! On _____ encore les déchets mais pour s'en

fabriquer des vêtements, des maisons, des objets, peut-être des armes! Les hommes ne

_____ plus contre les autres hommes pour de l'argent ou du pétrole mais pour

pouvoir vivre à un endroit où il ne fait pas trop chaud. La terre se _____ tellement

que tu _____ peut-être de te faire régulariser au Groenland! Des guerres terribles

_____! À la fin, très peu d'hommes _____!

*les arrière-petits-enfants *m. pl.* die Urenkel

b *À toi! Donne ta vision du futur! Écris un petit texte au futur. Tu peux utiliser les expressions suivantes:*

éviter la catastrophe   trouver des solutions   tenir compte de quelque chose
faire des efforts   créer de nouveaux produits   abolir les frontières   améliorer la vie
consommer plus juste   s'engager   se mettre d'accord pour

_____

_____

_____

_____

_____

_____

_____

_____

_____

1 *Vrai ou faux? Relis le texte p. 74 et coche la bonne réponse.*

	vrai	*faux*
Les jeunes qui croient en Dieu ne s'intéressent pas à la mode.	☐	☐
Dans les grandes villes, la moitié des couples ne restent pas ensemble.	☐	☐
Il y a énormément de manifestations en France.	☐	☐
Les Français font des manifestations seulement pour gagner plus d'argent.	☐	☐
Les Français s'intéressent à leur santé, mais pas à celle de la terre sur laquelle ils vivent.	☐	☐
Les Français n'aiment que les loisirs calmes comme le vélo ou les jeux de cartes.	☐	☐
Pour P. Thèvenin, le mot qui correspond à notre époque, c'est la solidarité.	☐	☐

2 *Dans quel(s) domaine(s) les tendances françaises ressemblent-elles à ton avis aux tendances qui existent dans ton pays? Dans quel(s) domaine(s) sont-elles différentes? Écris un commentaire dans ton cahier.*

3 *Le sport, la vie virtuelle, l'engagement, la spiritualité, la mode ... Parmi les tendances nommées par Philippe dans l'article de «Nous», y en a-t-il une qui est importante pour toi? Écris à ton tour un article pour le prochain numéro de «Nous».*

■■■■■■■ **Réviser: Les conjonctions de subordination** *quand* **et** *si*

4 *Complète par* quand *ou par* si.

1. _____ les hommes politiques avaient tenu leurs promesses, les gens feraient moins de manifestations.

2. Comment ferons-nous pour respirer _____ nous aurons coupé tous nos arbres?

3. _____ les jeunes passent plus de temps à jouer à des jeux virtuels qu'à vivre, ils vont devenir fous!

4. _____ les médicaments étaient moins chers, les pays pauvres iraient mieux.

5. _____ la société des spectacles n'influencera plus la politique, le monde sera meilleur.

6. C'est seulement _____ ils souffriront vraiment du réchauffement du climat que les gens comprendront!

5 ⭘ *Choisis la bonne forme du verbe et réécris le texte dans ton cahier.* (→ Repères, p. 85/2)

1. Quand ~~je réussirai~~ / j'aurai réussi à mon examen, je me donnerai / je me serai donné un nouvel objectif!
2. Quand je ne trouverai plus / je n'aurai plus trouvé ce travail assez intéressant, je m'éclaterai / je me serai éclaté dans un autre domaine.
3. Je ne suis pas de ceux qui disent «Dès que j'aurai économisé / j'économiserai assez d'argent, je m'arrêterai / je me serai arrêté de travailler!»
4. Certains penseront / auront pensé que je me mets trop la pression mais c'est mon mode de vie, je ne le changerai pas / je ne l'aurai pas changé!

6 ● *Exprime les soucis que se font les personnages. Utilise le futur antérieur. (→ Repères, p. 85/2)*

Que ferons-nous quand nos belles forêts

_____ ?

1. brûler

Que mangerons-nous quand la sécheresse

_____ dans notre région?

2. arriver

Nous ne pourrons plus vivre ici quand notre

petit troisième _____ !

3. naître

L'argent que nous _____
ira à une association qui lutte contre le sida.

4. rassembler

Dès que tu _____
ce médicament, tu battras des records!

5. prendre

Quand je _____ médecin,
je partirai avec Médecins sans frontières.

6. devenir

DELF **7** *Écris une lettre ou un mail (dans ton cahier) à un/e ami/e français/e. N'oublie pas de lui raconter les choses suivantes.*
(→ Annexe, p. 117–118)

– habe während der Klassenfahrt schöne Tage erlebt

– habe zweimal ____ gespielt, zweimal gewonnen

– bin gestern Abend mit zwei Freunden ausgegangen:
haben neu herausgekommenen Film mit ____ gesehen

– meine Schwester (Anna) hat gerade eine Prüfung absolviert

– heute muss man wirklich kämpfen,
um einen guten Job zu bekommen

– habe einen Rekord geschlagen, indem ich in diesem Monat 7 Stunden
mit meinem Mobilfunktelefon telefoniert habe!

– möchte mit 16 den
Führerschein machen

– verdiene etwas Taschengeld, indem ich jeden Abend den Hund der Nachbarn ausführe

8

a *Lis d'abord ce texte et cherche les mots et expressions que tu ne comprends pas dans ton dictionnaire.*

Les Français ont du mal à gérer le temps qu'ils ont, alors ils ont tendance à le trouver encore plus précieux et à être encore plus frustrés lorsqu'il passe trop vite! Ce changement les amène à résister au 5 système marchand et à développer des modes de vie de plus en plus ascétiques. Il pourrait favoriser l'apparition de contre-cultures et de formes nouvelles de marginalité. Ainsi, le concept de slow food est une réponse au fast food (et à ce que certains appellent la «malbouffe»). La slow life est 10 une revendication croissante de la part des gens des villes en stress. Elle explique par exemple le fait que beaucoup de gens choisissent de retourner vivre à la campagne, pour avoir un rythme de vie plus lent que celui des villes et une plus grande 15 harmonie avec la nature. L'image des produits biologiques est associée à celle d'une forme d'agriculture moins intensive, qui laisse le temps aux légumes et aux fruits de mûrir. On observe aussi un grand intérêt pour des pratiques comme le yoga, la 20 marche, le bouddhisme, la sophrologie, les gymnastiques douces ou les thérapies pour désintoxiquer les «drogués» du temps. La sensation d'avoir le temps ou de le prendre sera sans doute le véritable luxe de demain. 25

Le succès de la guerre déclarée par l'État à la vitesse en voiture est une autre illustration de cette tendance. S'il s'explique évidemment par la peur du gendarme, il montre aussi que les Français sont conscients que la vitesse tue, non seulement en 30 étant la cause d'accidents mortels, mais aussi de façon symbolique. La disparition du Concorde et le lancement presque simultané du paquebot Queen Elizabeth II ont constitué un raccourci particulièrement révélateur de cette recherche de len- 35 teur; le luxe aujourd'hui n'est plus de traverser l'Atlantique en trois heures, mais en quelques jours. Confrontés à l'accélération du temps, beaucoup de Français voudraient réapprendre la lenteur. Et pouvoir «perdre» leur temps plutôt que se 40 tuer à en gagner. La solution sera certainement d'alterner les deux attitudes en fonction des contraintes et des envies.

D'après: Francoscopie 2007, Gérard Mermet, Larousse, Paris, 2006, p. 99

b *Résume l'idée principale du texte. Compare-la à l'idée principale du texte de ton livre sur les nouveaux Français, p. 74–75. Écris dans ton cahier.*

c *Note dans le tableau comment l'envie de lenteur se manifeste dans les domaines suivants.*

nourriture	voyage	religion	sport

d *Choisis l'un des thèmes suivants, fais des recherches sur Internet et écris un petit texte dans ton cahier. Tu peux présenter tes résultats en classe à tes camarades.*

la slow food   la mal-bouffe   le yoga   l'agriculture biologique

la disparition du Concorde   le lancement du Queen Elizabeth II

1 **a** *Tu connais les adjectifs de ces noms et les noms de ces adjectifs. Retrouve-les et complète le tableau.*

adjectif	nom
_____	l'humanité _____
juste _____	_____
_____	la libéralité _____
_____	la créativité _____
_____	l'intelligence _____
cruel/le _____	_____
tolérant/e _____	_____
libre _____	_____
_____	le courage _____
solidaire _____	_____
_____	l'honnêteté _____
_____	la générosité _____
curieux/-euse _____	_____
passionné/e _____	_____
_____	la bonté _____
gentil/le _____	_____
_____	la sensibilité _____

b *À toi. Choisis trois des mots de* **a** *et donne ta définition. Elle peut être sérieuse ou drôle.*

La passion, c'est quand on ne peut plus se passer de quelqu'un! _____

_____

_____

_____

_____

c *Fais le portrait d'une personne que tu admires. Tu peux utiliser des mots de* **a** *. Écris dans ton cahier.*

2 *Même si tu ne connais pas tous ces adjectifs, tu peux les former en utilisant le verbe qui correspond.*
(→ Utiliser un dictionnaire monolingue, p. 110)

1. Ce que l'on peut renouveler est _____ *renouvelable* _____.

2. Ce qui pourrait durer est _____.

3. Une situation qui ne permet pas de vivre n'est plus _____.

4. Une personne que l'on peut admirer est _____.

5. Un ordinateur que l'on peut porter est un ordinateur _____.

6. Des prix que l'on peut comparer parce qu'ils sont presque pareils sont des prix _____.

7. Une attitude qu'on ne peut pas tolérer n'est pas _____.

8. Une personne que l'on peut facilement influencer est _____.

9. Une chose qu'on ne peut pas ou qu'on ne peut plus utiliser est _____.

3 *Relis le texte p. 78–79 et trouve auquel des quatre personnages cités dans le texte correspondent les expressions suivantes. Complète.*

créer une fondation pour la nature et l'homme   écrire des romans policiers

découvrir la radioactivité   sauver la planète   partager la vie des pauvres

donner sa vie pour la science   faire construire des écoles

travailler dans un laboratoire scientifique   reporter   archéologue

chercheur/-euse   ouvrir des dispensaires

Nicolas Hulot _____

_____

Fred Vargas _____

_____

_____

Sœur Emmanuelle _____

_____

Marie Curie _____

_____

4 **a** ○ *Réponds aux questions. Utilise deux pronoms.* (→ Repères, p. 85/3)

> Tu me racontes le film
> «Joyeux Noël»?

> _Bon, d'accord, je te le raconte._

2. Tu me montres les photos de ton voyage de classe?

_____

3. Tu me prêtes ton vélo?

_____

4. Tu m'expliques les exercices de maths?

_____

5. Tu m'offriras la nouvelle bédé de Tito pour mon anniversaire?

_____

b *Transforme les questions de* **a** *d'après le modèle et réponds-y.*

> Tu nous racontes le film
> «Joyeux Noël»?

> _Bon, d'accord, je vous le raconte._

_____   _____

_____   _____

_____   _____

_____   _____

_____   _____

_____   _____

_____   _____

_____   _____

_____   _____

5 *Retrouve l'ordre des mots et écris les phrases.*
(→ Repères, p. 85/3)

1. a préoccupations public au ses présenté Elle /
et fait partager elle les a lui .

_____

_____

_____

2. envoyé Il une a Taizé aux amis carte postale de /
lui qui parlé avaient en .

_____

_____

3. vêtement te Si plaît, ce / te commander je le peux .

_____

_____

4. Comme pas Paris ne ma corres connaissait, /
l' je ai y emmenée .

_____

_____

5. les J' une profs question-piège préparé pour ai. /
la classe Je poser au leur conseil de vais !

_____

_____

_____

6 ● *Complète par les pronoms qui conviennent ...
dans l'ordre qui convient!* (→ Repères, p. 85/3)

Au marché, un jeune homme vendait des prunes.

Je _____ ai pris trois kilos!

Il y avait aussi un tee-shirt comme tu les aimes.

Je _____ ai acheté!

J'ai vu Sarah qui m'a demandé ton adresse.

Je _____ ai donnée!

Elle voulait aller prendre quelque chose au café. Nous _____ avons accompagnée.

Là, il y avait des écologistes qui voulaient que je donne ma signature contre un nouveau projet d'autoroute

mais je ne _____ ai pas donnée.

J'ai cru que j'avais perdu mon porte-monnaie mais je l'ai retrouvé dans mon sac. C'est Martin qui

_____ avait remis sans que je le voie.

Il avait oublié notre rendez-vous de demain. Je _____ ai rappelé.

En passant devant la librairie, nous avons vu un jeune auteur qui présentait son premier livre. Nous som-

mes rentrés et il _____ a offert!

7 ● *Complète les mini-dialogues par deux pronoms.* (→ Repères, p. 85/3)

1. – Tu devrais montrer ces photos à Lucien.

   – C'est une bonne idée. Je vais _____*les lui*_____ montrer tout à l'heure.

2. – Tu ne veux pas offrir ce DVD à tes parents?

   – Si, je vais _____ offrir pour Noël.

3. – Est-ce que tu as parlé de la fête à Noah et Inès?

   – Je _____ ai parlé, mais ils ne savent pas s'ils viendront.

4. – Tu nous montres les photos de ton voyage en Tunisie?

   – Je veux bien _____ montrer, mais elles ne sont pas réussies.

5. – Monsieur, est-ce que vous pouvez nous expliquer cet exercice?

   – Mais je _____ ai déjà expliqué!

6. – Oh, vous avez chacune un nouveau portable?

   – C'est notre grand-mère qui _____ a offerts.

7. – Laura et Alexandre n'ont pas le programme du spectacle.

   – Eh bien, il faut _____ donner.

8. – Est-ce que tes grands-parents te racontaient des histoires quand tu étais enfant?

   – Oui, ils _____ racontaient, mais pas très souvent.

8 ● *Constance part en voyage de classe. Trouve ses réponses aux questions de ses parents. Utilise deux pronoms.*
(→ Repères, p. 85/3)

1. Tu nous diras si tu es bien arrivée?
2. Tu nous enverras de belles cartes postales?
3. Tu diras aux parents de ta corres que nous les attendons en juillet?
4. Tu achèteras des souvenirs à tes grands-parents?
5. Tu donneras les chocolats qu'on a achetés à ta corres?
6. Tu demanderas à ta corres ce que ses parents aiment?
7. Tu montreras l'album de photos à sa famille?
8. Tu laisseras bien ta carte d'identité dans ton sac?

De la pub pour les anti-pubs!

L'association anti-pub les *déboulonneurs* proteste contre la publicité en faisant des dessins et en écrivant leurs critiques sur les grandes affiches qui servent à faire acheter des produits de consommation. L'opinion des membres de l'association est que la publicité pollue l'espace et qu'il faut limiter les affiches à un format de 50 x 70 cm. Ils ne font pas leurs actions en se cachant, mais les annoncent à la presse et à la police dans l'espoir d'être arrêtés. Ils veulent en effet que pour chaque action un procès ait lieu qui leur permette d'expliquer leur opinion aux gens. Être arrêté, c'est pour l'association anti-pub une autre façon de se faire de la publicité!

DELF **9**   **a** *Lis l'article et coche la réponse exacte.*

1. Les déboulonneurs veulent
   - ☐ supprimer la publicité.
   - ☐ modérer la place de la publicité.

2. Ils font circuler leurs idées
   - ☐ en écrivant de longs articles dans la presse.
   - ☐ en écrivant directement leurs idées sur les publicités.

3. Ils n'ont pas peur d'être arrêtés après chacune de leur action.
   - ☐ parce que ce sont des héros qui ne s'occupent pas de leur confort.
   - ☐ parce que c'est un moyen de mieux faire connaître leurs idées.

b *Explique à un ami allemand ce que recherche cette association anti-pub.*

_____

_____

_____

_____

_____

_____

c *«La publicité pollue.» (ligne 4) Explique d'abord cette idée et dis si tu es d'accord. Donne ton avis.*

_____

_____

_____

_____

_____

_____

_____

_____

1 **a** *Relis le texte, p. 86–88 et coche si c'est vrai (v) ou faux (f). Corrige les phrases fausses dans ton cahier et justifie tes réponses à l'aide du texte. (→ Texte, p. 86–88)*

1. ☐ Le pont de Millau se trouve sur l'autoroute A 75.
2. ☐ Du pont, on peut faire de très belles photos.
3. ☐ Millau est au bord de la Méditerranée.
4. ☐ Beaucoup de gens sont morts pendant la construction du pont.
5. ☐ Les gens peuvent utiliser le pont depuis décembre 2004.
6. ☐ À Millau, on fabrique des gants.

b *Trouve, dans le texte, comment on exprime …*

… que les habitants n'étaient pas d'accord avec la construction du viaduc.

_____

… qu'ils pensaient que le viaduc ne serait pas beau.

_____

… qu'il y avait beaucoup de poussière pendant les travaux.

_____

… que le roquefort est une des principales ressources de la région.

_____

c *Écris dans ton cahier. (→ Texte, p. 86–88)*

un synonyme de: un pont, un bateau, avoir peur de qc, très grand, très moderne, impressionner qn
  un contraire de: construire, près, terminé

2 *Les touristes viennent pour voir le pont «mais en profitent pour visiter la région». Relis la fin du texte. p. 88 (lignes 81–90), cherche sur Internet des renseignements supplémentaires sur les endroits et les spécialités de la région de Millau et crée un prospectus touristique.*

le viaduc de Millau   Luzençon, village du Moyen-Âge   Millau, ville du gant

les gorges du Tarn   le Causse   les caves de Roquefort

3 *Imagine: une nouvelle ligne de train à grande vitesse / une nouvelle autoroute doit être construite dans ta région. Elle va passer à 500 mètres de ta maison. Quelle est ta réaction? Écris un texte dans ton cahier. Tu peux utiliser ce que tu as appris dans le dossier 4.*

Alternative:
Planifie une nouvelle construction pour le développement de ta région ou d'une autre région et présente-la sous forme de fiche technique (→ encadré, p. 88) ou de petit texte (→ Texte, p. 86–88).

1   **Vocabulaire thématique**

a *Que dis-tu dans quelle situation? Relie.*

Frédéric voudrait que tout le monde utilise des
bougies à la place des lampes électriques et que
l'on supprime les avions et les voitures! ☐1

Tu es en week-end chez un ami. Vous avez joué à
un jeu vidéo pendant trois heures. Ton ami
propose d'en commencer un autre. ☐2

Tu avais décidé avec tes parents que tu irais en
vacances avec tes copains Paul et Sidonie à
Montpellier. Mais maintenant tes parents trouvent
que Montpellier est trop loin et que Paul et Sidonie
ne sont pas assez sérieux. ☐3

Depuis que tes copines regardent la Star Ac'
elles veulent tout le temps s'habiller comme la
candidate qui a le plus de succès. ☐4

Ton copain Rachid se plaint: «Les gens ne
croient pas ce qu'ils voient mais ce qui est
écrit dans les journaux!» ☐5

Manon dit qu'elle veut s'engager pour le droit à la
scolarité des enfants de sans-papiers. ☐6

☐a J'en ai assez que tout soit
constamment remis en
question!

☐b Je ne veux pas vivre une vie
virtuelle. Sortons!

☐c Écris à l'association Réseau
Éducation Sans Frontières!

☐d C'est vrai, il faudrait qu'ils
soient plus critiques!

☐e Les médias influencent trop
le comportement des gens!

☐f C'est un écolo borné!

b *Tu participes à une rencontre franco-allemande sur l'avenir de notre planète. Joue l'interprète.*

> Die reichen Länder haben den Klimawandel verursacht. Wir müssen unser
> Verhalten verändern. Wir können zum Beispiel auf Flugreisen verzichten und
> mit dem Zug fahren, wenn es möglich ist.

Toi: _____

_____

_____

> Pour éviter que le climat se réchauffe trop vite, nous devons apprendre de
> nouveaux réflexes. Il faut économiser l'énergie par exemple en débranchant
> les appareils électroniques ou électriques quand on ne les utilise pas.
> Pour préserver notre environnement, on peut aussi utiliser les énergies
> renouvelables.

Toi: _____

_____

_____

2 La place de deux pronoms dans la phrase

Complète avec les pronoms qui conviennent.

3 Le futur antérieur

Mets les verbes entre parenthèses aux temps qui conviennent (futur ou futur antérieur).

1. Si nous ne rentrons pas maintenant, ils _____ quand nous

   _____! *(partir / arriver)*

2. Je te _____ dès qu'il _____! *(téléphoner / me dire oui)*

3. Nous _____ dès que le chef _____ sa signature!

   (commencer / donner)

4. Quand Fabienne _____ qu'elle n'est pas seule au monde, la situation

   _____ peut-être vivable! *(comprendre / devenir)*

Les solutions sont à la page 94.

DOSSIER 5 *Visages de l'Afrique*

▬▬▬▬ Approches

1 *Fais quatre fiches d'identité des pays présentés dans les Approches, p. 92/93. Écris dans ton cahier.*

Capitale	Âge moyen de la population	Endroits à visiter / évènements à ne pas manquer

Situation géographique	Ressources	Histoire	Autres informations

2 ◀ᴑ)) *Vrai ou faux? Coche les informations correctes et corrige les phrases fausses dans ton cahier.* (→ Document sonore, p. 92)

	vrai	faux
1. Dans le pays d'Adja, le wolof est la langue officielle.	☐	☐
2. Le pays d'Adja est situé à la frontière de l'Algérie.	☐	☐
3. Dans le sud de ce pays, on rencontre le désert.	☐	☐
4. Saint-Louis est une ville coloniale.	☐	☐
5. Adja habite à Saint-Louis.	☐	☐
6. Senghor est un chanteur africain.	☐	☐
7. Dans le pays d'Ousmane, on peut visiter la mosquée de Dioulassoba.	☐	☐
8. Ousmane communique avec beaucoup de gens par Internet.	☐	☐
9. À Ouagadougou, il y a tous les ans un festival de théâtre africain.	☐	☐
10. Ousmane veut devenir acteur.	☐	☐

3 **a** *Complète la grille avec des noms de ressources, de matières[1] et de matériaux[2] que tu connais.*

Les cahiers et les livres sont en ⎣1⎦.
On se sert de ⎣2⎦ pour faire de la monnaie p.ex. des centimes.
Pour faire des gâteaux et des desserts, on a besoin de ⎣3⎦.
On a besoin de ⎣4⎦ tous les jours pour faire la cuisine.
Le chocolat est fait de lait, de sucre et de ⎣5⎦.
Avec les ⎣6⎦ on fait des vêtements.
Les jeans et les tee-shirts sont en ⎣7⎦.
Il y a des personnes qui ont des dents en ⎣8⎦.
Quand on ne sait pas comment transporter les produits qu'on vient d'acheter au supermarché, on peut demander un sac en ⎣9⎦.
Le ⎣10⎦ est une ressource très chère qui devient de plus en plus rare. On en a besoin pour faire de l'essence.
La ⎣11⎦ est produite par de petits animaux. On la produit surtout en Asie et on s'en sert pour faire des vêtements qui brillent un peu.
Au Mali, on trouve de l'⎣12⎦. On l'utilise pour faire de l'énergie nucléaire.
C'est une ressource naturelle qui vient des arbres et avec laquelle on fait des tables, des chaises et des instruments de musique: le ⎣13⎦.
Les fenêtres sont en ⎣14⎦.
Le ⎣15⎦ est le premier métal dont les hommes ont su se servir.
On utilise le ⎣16⎦ pour faire des routes.

b *Trouve le nom d'une autre matière que tu connais déjà à l'aide des cases en bleu.*

_____

1 **la matière** *hier:* die Substanz, der (Bau-)Stoff 2 **le matériau** das Material, der (Werk-)Stoff

1 **a** *Trouve une légende pour chaque photo. Utilise le vocabulaire des Approches et de la Séquence 1.*

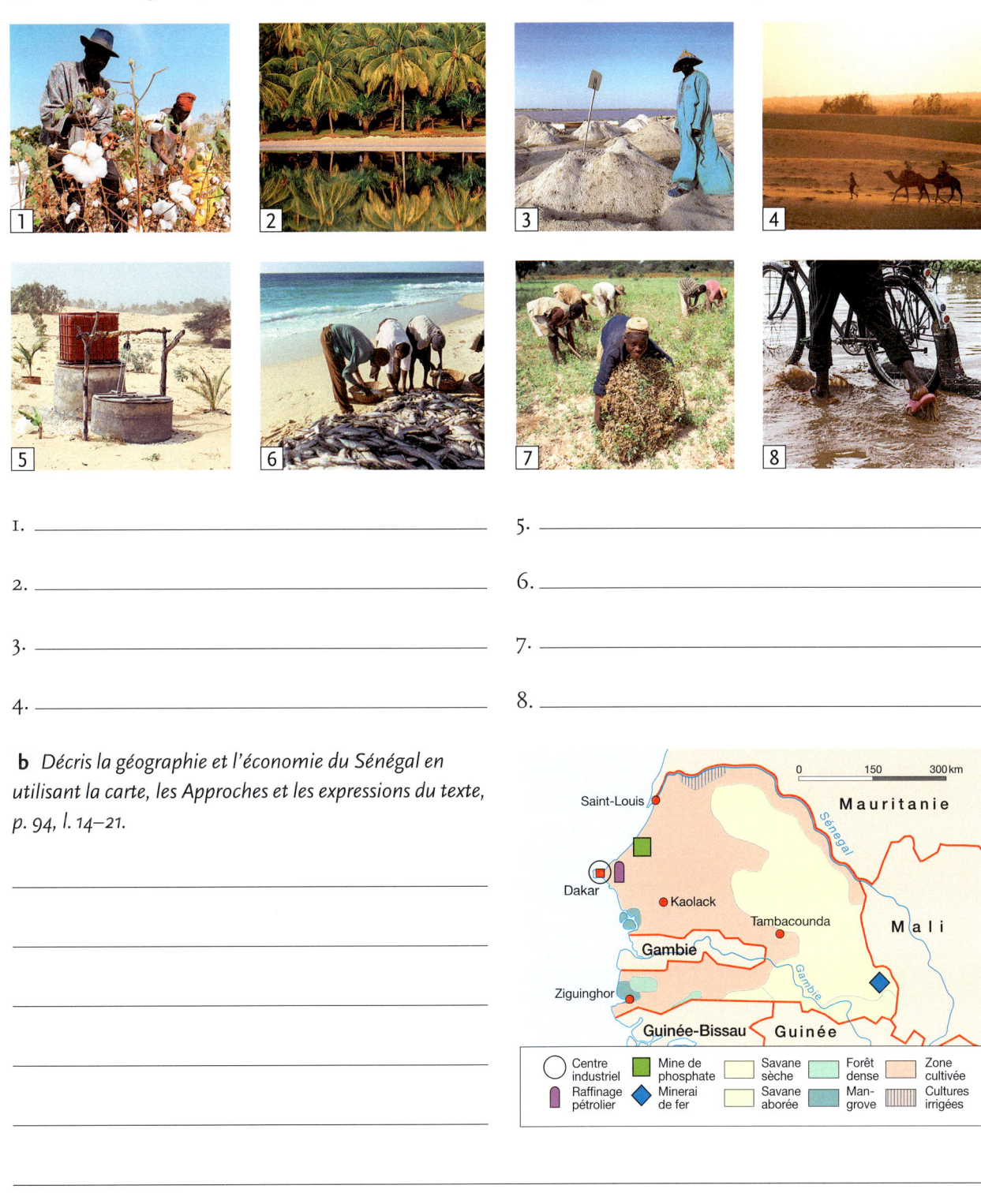

I. _____   5. _____

2. _____   6. _____

3. _____   7. _____

4. _____   8. _____

b *Décris la géographie et l'économie du Sénégal en utilisant la carte, les Approches et les expressions du texte, p. 94, l. 14–21.*

_____

_____

_____

_____

_____

_____

_____

_____

_____

_____

_____

2   **a** ○ *Note pour chaque phrase si elle est à la forme active (a) ou passive (p). (→ Repères, p. 64/2)*

b *Écris l'autre forme pour chaque phrase.* *(→ Repères, p. 99/2)*

L'histoire de Tombouctou

1 ☐ Tombouctou a été fondée au XIème siècle, probablement par les touaregs[1].

2 ☐ En 1458, Sonni Ali Ber, l'empereur Songhaï, a pris la ville.

3 ☐ En 1590, la ville a été envahie par les armées marocaines.

4 ☐ Tombouctou est décrite en 1630 par Abderhaman Sâdi dans son livre Tarikh es-Soudan.

5 ☐ En 1760, les touaregs chassent[2] les derniers Marocains de la ville.

6 ☐ En 1825, c'est par l'Empire Peul du Macina que la ville est conquise.

7 ☐ En 1828, le Français René Caillé publie le récit de son voyage à Tombouctou.

8 ☐ Puis la ville est découverte en 1853 par l'explorateur allemand, Heinrich Barth.

9 ☐ En 1894, la ville est prise par les colons français.

10 ☐ Le 22 septembre 1960, la République du Mali proclame[3] son indépendance.

11 ☐ En 1996, la ville de Tombouctou est inscrite au patrimoine mondial[4] de l'UNESCO.

1 **les touaregs** die Tuareg *nordafrikanisches Berbervolk*   2 **chasser qn** *hier:* jdn verjagen   3 **proclamer qc** etw. verkündigen
4 **le patrimoine mondial** das Weltkulturerbe

_____

_____

_____

_____

_____

_____

_____

_____

_____

_____

3 ● *Traduis en français sans utiliser le passif.*
(→ Repères, p. 99/2)

1. Das Passiv wird im Französischen nicht oft verwendet.

_____

_____

2. In Burkina Faso werden Erdnüsse und Mais angebaut.

_____

_____

3. In West-Afrika werden Bambara und Wolof gesprochen.

_____

_____

4. In den trockenen Regionen muss die Erde regelmäßig bewässert werden.

_____

_____

5. Côte d'Ivoire wird mit accent circonflexe geschrieben.

_____

_____

6. Uranium wird in Nuklearenergie umgewandelt.

_____

_____

7. Die Journalistin wurde gefragt, ob sie eine Reportage über Mali schreiben möchte.

_____

_____

_____

8. Auf ihrer Reise durch das Land sind ihr viele Fragen gestellt worden.

_____

_____

4 *Tu proposes à ton/ta corres français qui ne parle pas allemand de regarder un reportage sur l'école au Mali. Comme il/elle ne parle pas allemand, tu lui expliques ce que dit l'article et pourquoi tu souhaites regarder ce reportage. Écris dans ton cahier.* (→ Faire une médiation, p. 112)

Erziehung in Mali

Vor zehn Jahren gingen nur 36 Prozent alle Kinder des afrikanischen Staates Mali zur Schule, inzwischen sind es 75 Prozent. Ein historischer Höchstwert in der Geschichte des Landes, das aber ohne Hilfe europäischer Exper-

ten den Schüleransturm nicht bewältigen kann. Nach den offiziellen Statistiken ist fast die Hälfte der gesamten Bevölkerung jünger als 15 Jahre, vielen Eltern ist es nicht möglich, eine Schule zu finden, Klassen mit über 100 Schülern sind keine Seltenheit. 1999 hat die Regierung Malis mit Unterstützung aus Frankreich und Deutschland ein neues Erziehungsprogramm auf den Weg gebracht, das vor allem auch die Einstellung der Eltern gegenüber der Schule positiv verändert hat. Außerdem wurden in 700 Gemeinden des Landes 2 500 Schulen gebaut.

http://www.arte.tv/de/geschichte-gesellschaft/arte-reportage/Videos-von-A-bis-Z-/1586526.html

Pour les étudiants africains, la France est une terre qui fait rêver. Cependant, une fois arrivés, c'est une toute autre réalité qu'ils découvrent. Une histoire de papiers, de droits, de travail, d'argent, parfois même de racisme ... mais il y a aussi des expériences heureuses. Moussa et Xavier nous racontent leurs histoires ... pas toujours si roses.

Choisi parmi les meilleurs élèves de son lycée, Moussa Diop, jeune Sénégalais de 21 ans, a dû se battre pour gagner le droit d'aller continuer ses études en France. Une fois arrivé dans l'Hexagone, il a eu du mal à trouver ses repères.

Pour moi, les difficultés ont déjà commencé au Sénégal. A l'ambassade de France du Sénégal, j'avais l'impression d'être un mendiant qui demande une chose à laquelle il n'a pas droit. L'accueil était très froid. Comme j'avais tous les documents nécessaires, je n'ai malgré tout pas eu de mal à obtenir mon visa. Arrivé en France, pour obtenir le titre de séjour, c'était une autre histoire. Je suis arrivé en septembre 2005 et je n'ai obtenu mes papiers que sept mois plus tard, en avril.

Une intégration difficile

Mais c'est surtout l'intégration qui a été dure. Le premier contact avec les autres a été difficile. Être loin de mon pays, de ma famille et de mes amis, c'était insupportable au début. Le premier logement universitaire que j'ai obtenu était loin de mon université, je devais parcourir toute la ville dans le froid. Le climat était très dur pour moi qui venais d'un pays chaud. Et si ce n'était que ça! En plus, je multipliais les expériences désagréables et les rencontres froides.

Avec le temps, on trouve ses repères

Malgré tout, je souhaite terminer mes études ici. J'aimerais si possible rester en France et travailler. C'est difficile, mais il faut s'habituer. Heureusement, pour vivre je peux compter sur le soutien de mes parents, mon père est cadre dans les télécoms et ma mère travaille à la sécu. Ils m'envoient environ 500 euros par mois. Alors, je dois faire très attention à chaque centime que je dépense, sinon je ne m'en sors pas. Il faut juste se donner des objectifs, être sérieux. J'évite les sorties et me concentre sur mes études.

Xavier Manga, jeune Sénégalais de 24 ans, est étudiant en doctorat de sociologie. Il a été choisi parmi les meilleurs de son lycée. Il a eu la chance de faire partie du programme de coopération entre la France et le Sénégal et a choisi la ville de Nancy parce que son frère était déjà dans la région. Pour Afrik.com, qui présente cette semaine une série de portraits d'étudiants africains vivant en France, il raconte son aventure et fait le bilan.

Cela fait cinq ans que je suis en France. Je suis boursier, mais je dois travailler pour vivre. Ma bourse qui m'est versée par le Sénégal est faible. Elle est de 300 euros par mois. En plus, je ne la reçois pas toujours et jamais à temps. L'année dernière, j'ai dû attendre le mois d'avril pour l'avoir. Sans bourse, pourtant, ça n'aurait pas été possible, mes parents n'auraient pas pu m'aider, ils ne sont pas très aisés.

L'arrivée en France, un véritable choc

Quand je suis arrivé, tout était différent, je ne comprenais pas tout, ça allait trop vite. J'avais 19 ans et j'étais très attaché à ma famille, j'avais le mal du pays. À l'université, les méthodes étaient différentes. Malgré les difficultés administratives, je ne suis pas trop critique face au système français. J'ai tout de même droit à des études de qualité et les diplômes français sont plutôt bien reconnus. Comparé à mon pays, c'est déjà mieux. L'an passé, j'ai demandé un nouveau passeport au Sénégal et cela a pris un an. Alors je ne me plains pas, même si c'est dur financièrement, il faut improviser, travailler et faire des sacrifices, ne pas trop sortir par exemple.

Une nouvelle vie, cela demande des sacrifices

Depuis que je suis en France, je ne suis rentré au Sénégal qu'une seule fois en cinq ans. Comme je travaille pendant les vacances, je n'ai que deux semaines de congés payés, c'est trop peu. Et surtout, le voyage coûte trop cher, il faut prévoir les cadeaux pour la famille et les amis et ça n'est pas évident. De toute façon, je me suis habitué à cette nouvelle vie et je me suis fait de nouveaux amis. Peut être que j'irai l'année prochaine.»

Souhaits et perspectives

Pour le moment, je veux finir ma thèse et trouver un poste d'enseignant en France, mais je ne me fais pas trop d'illusions. Sinon ce sera au Sénégal, à Dakar. Je sais qu'avec un diplôme français, j'ai toutes mes chances. De toute façon, même si c'est au Cambodge ou au fin fond de la Chine que je trouve un poste, j'irai. L'essentiel pour moi étant de faire ce que j'aime et de pouvoir, quand je le désire, rentrer chez moi, au Sénégal, et surtout aider mes parents.

D'après www.afrik.com
→ Dossiers
→ être étudiant en France

5   **a** *Lis le texte et cherche les mots inconnus dans un dictionnaire.* (→ Utiliser un dictionnaire bilingue, p. 108)

b *Lis le texte, puis classe les expressions suivantes dans le tableau:*

1️⃣ n'avoir que des expériences positives en France
2️⃣ avoir des problèmes avec l'administration française
3️⃣ avoir des problèmes avec l'administration sénégalaise
4️⃣ être soutenu par ses parents
5️⃣ ne pas venir d'une famille aisée
6️⃣ vouloir aider ses parents
7️⃣ recevoir 500 euros par mois
8️⃣ recevoir 300 euros par mois
9️⃣ travailler pour vivre
🔟 parcourir toute la ville dans le froid
[11] ne pas trop sortir
[12] ne pas dépenser trop d'argent
[13] faire des rencontres froides
[14] se faire de nouveaux amis
[15] vouloir terminer ses études
[16] vouloir rester en France

Moussa Diop

_____

Xavier Manga

_____

les deux

_____

aucun

_____

c *Moussa et Xavier se rencontrent. Ils comparent leurs expériences avec l'administration, avec les Français et avec leur famille qui est restée au Sénégal. Ils parlent aussi de leurs projets d'avenir. Imagine le dialogue et écris-le dans ton cahier.*

▮▮▮▮▮▮ Le Mali en direct

6 **a** *Commente ces diagrammes sur le Mali dans ton cahier. Utilise les expressions suivantes.*
Pour chaque information, il y a plusieurs possibilités.

environ*   presque   un tiers   pour cent   la moitié   plus de   moins de   un quart

* **environ** ungefähr

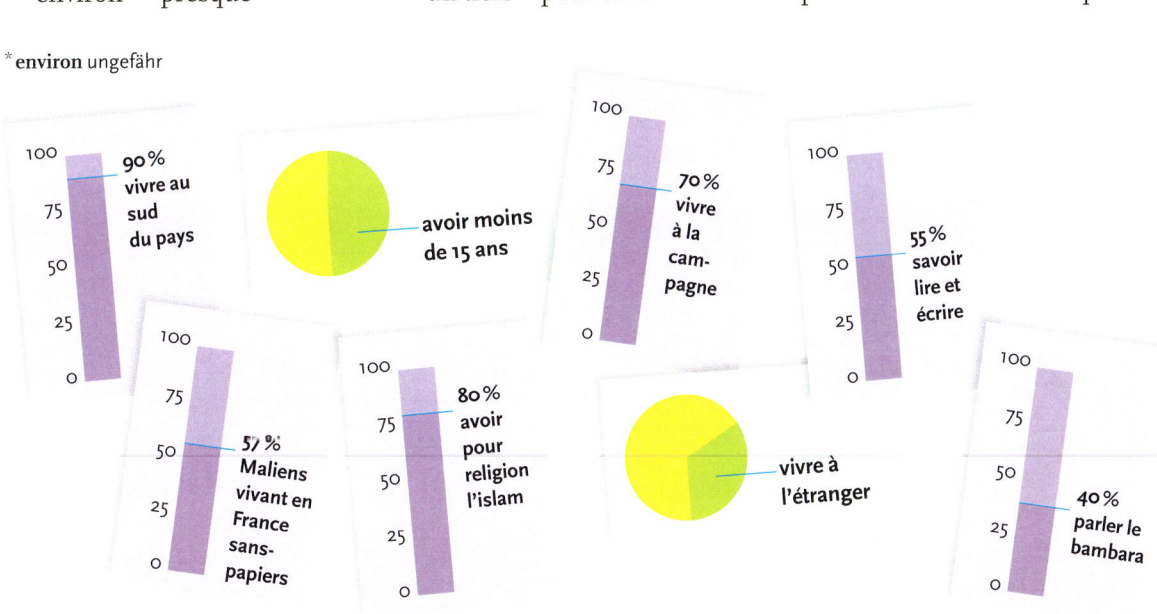

b *Tu fais un stage dans une association de quartier à Bamako. Tu écris une lettre à une organisation internationale spécialisée dans l'écologie pour leur demander de soutenir* le projet de l'association «Debo Golowo». Tu leur présentes le projet, tu expliques pourquoi il est important pour l'environnement et tu expliques comment on pourrait le soutenir.* (→ Texte, p. 98, → Méthodes, p. 117)

DELF

* **soutenir** qc etw. unterstützen

1   **a** *Lis les textes, p. 102/103 et cherche tous les mots et expressions concernant la musique. Écris-les dans ton cahier.*

b *Trouve d'autres mots et expressions concernant la musique que tu connais déjà et fais un associogramme dans ton cahier. (→ Liste alphabétique, p. 180)*

c *Écris une biographie sur ton chanteur / ta chanteuse préféré/e. Inspire-toi des textes, p. 102/103 et utilise un maximum des mots de vocabulaire de* **a** *. Présente le résultat à ta classe.*

2   **a** *Amadou et Mariam apprenaient le braille à l'Institut des jeunes aveugles au Mali. Le braille, qu'est-ce que c'est? (→ Petit dictionnaire de civilisation, p. 137)*

b *Cherche plus d'informations sur l'inventeur du braille sur Internet et fais une fiche d'identité dans ton cahier.*

_____

_____

_____

_____

3   **a** *Trouve dans les textes, p. 104/105 tous les mots et expressions concernant le cinéma et la peinture et écris-les dans ton cahier.*

b *Trouve d'autres mots et expressions que tu connais déjà concernant les deux sujets et fais deux associogrammes dans ton cahier. Il y a des mots qui vont avec les deux sujets. (→ Liste alphabétique, p. 180)*

c *Présente ton peintre préféré et un de ses tableaux à tes camarades. Utilise un maximum du vocabulaire de* **a** *.*

4   *Lis les phrases et les dialogues suivants. Comment traduirais-tu les mots soulignés en allemand?*

_____   _____

Alors, vous avez vu des crocodiles?

Oh, une petite <u>vingtaine</u>!

3

Je voudrais une <u>douzaine</u> de pommes, s'il vous plaît.

4

Je ne savais pas que tu avais des chats ...

Ce ne sont pas les miens mais ceux du voisin.
Il en a <u>une dizaine</u>.

5

_____ _____ _____

_____ _____ _____

5

▮▮▮▮▮▮▮ **Quizz**

5   **a** *Quelle phrase va avec quel personnage?* (→ Textes, p. 102 –105)

Amadou

|1| Une de ses œuvres a été interdite au Mali pendant trois ans.
|2| Son art est un pont entre la tradition et le monde moderne.
|3| À dix ans, il est allé vivre dans la capitale du Congo, Kinshasa.
|4| Il n'a jamais vu sa femme.
|5| Il est malien, mais il parle de tout le continent africain.
|6| Il a travaillé avec un acteur américain très célèbre.
|7| Elle chantait déjà dans des fêtes à l'âge de six ans.
|8| C'est un griot.
|9| Il a gagné un prix à Ouagadougou.
|10| Il était trop pauvre pour continuer ses études.
|11| Le Président actuel du Mali reconnaît son art.
|12| Une de ses chansons s'appelle «Pauvre type».
|13| Son sujet, c'est la vie quotidienne des gens.
|14| Il a joué dans un orchestre célèbre qui joue pour les voyageurs attendant leur train.

_____

Mariam

_____

Souleymane Cissé

_____

Mory Kanté

_____

Moke

_____

b *Trouve d'autres devinettes/questions comme en* **a** *concernant tous les thèmes du Dossier 5. Écris dans ton cahier.*

géographie   culture   langues   monuments   musique

histoire   paysage   ressources   évènements   population

c *Mettez vos questions en commun et jouez/faites le quizz «Connaissez-vous l'Afrique?».*

1 Mets les dessins dans l'ordre chronologique et fais le résumé du conte, p. 106/107 à l'aide des dessins dans ton cahier.

2 Choisis un des proverbes africains ci-dessous. Dis pourquoi tu l'as choisi et ce qu'il t'inspire. Écris dans ton cahier.

Donner l'amitié à qui veut l'amour, c'est comme donner du pain à qui meurt de soif.

Le chien qui a vu le lion[1] et celui qui ne l'a pas vu, n'ont pas la même manière de courir.

Que celui qui n'a pas traversé le fleuve ne se moque pas de celui qui s'est noyé[2].

Lorsque tu ne sais pas où tu vas, regarde d'où tu viens.

Pour qu'un enfant grandisse, il faut tout un village.

1 **le lion** der Löwe 2 **se noyer** ertrinken, untergehen

1 Vocabulaire thématique

a *Décris le Burkina Faso.*

Altitude sur mer

500 – 1000 m
200 – 500 m
100 – 200 m
0   100   200 km

Mines d'Or
Mines de Manganèse
Savane sèche
Savane aborée
Zone cultivée
0   100   200 km

_____

_____

_____

_____

_____

_____

_____

_____

_____

_____

_____

_____

_____

_____

_____

_____

_____

_____

b *Trouve les mots qui vont ensemble.*
Parfois il y a plusieurs possibilités.

le sel ☐1   ☐a désertique
le millet ☐2   ☐b le descendant
le cuivre ☐3   ☐c l'inondation
l'enseignement ☐4   ☐d salé
le cybercafé ☐5   ☐e le goudron
la savane ☐6   ☐f le fer
le passé ☐7   ☐g le sucre
la pluie ☐8   ☐h la communication
doux ☐9   ☐i le maïs
la route ☐10   ☐j la gentillesse
l'hospitalité ☐11   ☐k la bibliothèque

c *Complète les phrases.*

Le Niger _____ le Mali.

Quand il ne pleut pas, il faut _____ les terres.

Le _____ du film «Yeleen» s'appelle Souleymane Cissé.

Pendant la _____ , il y a de grandes inondations.

_____ du fleuve, on trouve des petits villages.

Les journalistes ont fait un voyage _____ Afrique de l'ouest.

Dans les classes des écoles _____ , il y a parfois presque 100 élèves.

La terre de la savane n'est pas très _____ .

2   Les formes qui remplacent le passif allemand

Traduis les phrases sans utiliser le passif en français.

1. In Mali werden mehr als 400 Sprachen gesprochen.

_____

2. Für die Schulen werden noch mehr Lehrer gesucht.

_____

3. Uns wurde gesagt, dass wir den Niger nicht überqueren können.

_____

4. Das «-ï-» in «maïs» wird ausgesprochen.

_____

Les solutions sont à la page 94.

ANNEXE

Kopiervorlage

INFINITIF		Terminaison	Régulier ☐	Particularité
			Irrégulier ☐	

	PRÉSENT	IMPÉRATIF
	Je/J'	
	Tu	
	Il/Elle/On	
	Nous	
	Vous	
	Ils/Elles	

se conjugue comme:	PASSÉ COMPOSÉ
IMPARFAIT	FUTUR COMPOSÉ

exemple:

SUBJONCTIF	que je		que nous
	Ils/Elles		Ils/Elles
	Vous		Vous
	Nous		Nous
	Il/Elle/On		Il/Elle/on
	Tu		Tu
	Je		Je
	FUTUR SIMPLE		CONDITIONNEL

Knicke die Kopiervorlage an der Mittellinie und klebe die Rückseiten zusammen.

Complète: [1] *les questions en utilisant l'interrogation par inversion.*
[2] *en utilisant la mise en relief.*
[3] *en utilisant le gérondif.*

Bonjour Mesdames et Messieurs!

Je m'appelle Sloan et je suis guadeloupéen. J'habite en métropole.

_____ *(connaître)* [1] la Guadeloupe? Et _____

(désirer) [1] entendre l'histoire qui m'est arrivée l'hiver dernier?

_____ [2]

(Mes parents sont nés <u>sur cette île extraordinaire</u>.)

_____ [2]

(<u>Là aussi</u>, vivent encore de nombreux oncles, tantes, cousins et cousines!)

Mais _____ *(acheter)* [3] mon billet pour Pointe-à-Pitre pour les vacances de février, je n'imaginais pas toutes les aventures que j'allais y vivre! Je suis arrivé un samedi.

_____ [2]

(<u>Mon cousin Kéwan</u> est venu me chercher à l'aéroport.)

_____ [2]

(Mais <u>sa grande sœur Marie-Jeanne</u> m'a annoncé la bonne nouvelle.)
Nous allions passer la semaine de carnaval tous les trois sur les îles de Saintes, au sud de la Guadeloupe.

_____ *(entendre)* [3] cela, j'ai sauté de joie! _____
(attendre) [3] de partir, nous avons fabriqué nos vêtements pour la fête. Kéwan voulait être Victor Schoelcher alors j'ai décidé que je serais Christophe Colomb.

Nous nous sommes amusés comme des fous _____ *(essayer)* [3] nos vêtements et des faux cheveux!

_____ [2]

(Mais <u>à Saintes</u> nous avons le plus ri!)

Nous avons fait la fête sans arrêt pendant toute une semaine. À la fin, je marchais

_____ *(dormir)* [3]!

_____

_____ [2]

(Ma cousine Marie-Jeanne a rencontré son futur mari <u>aussi pendant cette semaine mouvementée</u>.)

_____ *(avoir envie)* [1] d'y aller à votre tour? _____
(participer) [3] au carnaval des Saintes à la Guadeloupe, il faut s'attendre à tout!

1 *Mets les verbes entre parenthèses à la forme qui convient (présent, participe présent ou subjonctif).*
2 *Complète par les pronoms (en, y, celui, celle, ceux, celles) qui manquent.*

Jérôme Lemercier Du Chalandon,
directeur de l'internat du Château Fleuri

Madame, Monsieur,

Votre fils Jacques ne _____ (respecter) 1 ni ses professeurs ni ses camarades,

nous vous informons que nous ne pouvons plus le garder dans notre internat. Nous voudrions qu'il

_____ (faire) 1 des progrès et qu'il n' _____

(empêcher) 1 pas ses camarades d' _____ 2 faire.

Mais malheureusement, n' _____ (apprendre) 1 pas régulièrement ses leçons, il

arrive de moins en moins bien à comprendre mes explications ou _____ 2 de ses camarades.

Il faut que vous _____ (savoir) 1 aussi qu'il ne dérange pas seulement mes

cours mais aussi _____ 2 de mes collègues.

Pendant une excursion, il a entraîné trois camarades plus jeunes au café sans notre autorisation ni

_____ 2 de leurs parents.

Enfin, _____ (ne pas aimer) 1 les petits pois, il _____ 2 a lancé

hier dans toute la cantine.

Cette situation ne _____ (pouvoir) 1 plus durer. Un élève qui _____

(ne pas accepter) 1 les règles de notre internat ne peut pas _____ rester 2 !

Déjà âgé de seize ans et n' _____ (être) 1 qu'en quatrième, je ne crois pas qu'il

_____ (pouvoir) 1 se permettre de redoubler encore une fois.

Ne _____ (réussir) 2 plus à nous faire écouter de votre fils, nous vous demandons de

venir le chercher le plus tôt possible.

Veuillez recevoir mes respectueuses salutations*,

Jérôme Lemercier Du Chalandon
Directeur de l'internat du Château Fleuri

*Veuillez recevoir mes respectueuses salutations Hochachtungsvoll

1 *Mets les verbes entre parenthèses au temps indiqué et à la forme (active ou passive) qui convient.*
2 *Complète avec le pronom possessif qui convient.*

Soirée Erasmus à Paris

L'idée de la soirée Erasmus

_____ (*reprendre*, passé composé) 1
dans plusieurs autres capitales européennes.

Notre échange _____
(*subventionner*, passé composé) 1 par l'OFAJ!

Et _____ 2
par l'union européenne!

Quand je pense que nos grands-pères

_____ (*se battre*, passé composé) 1

contre _____ 2 !

Dans mon pays, on dit «Prost!»

Et dans _____ 2 ?

«Salute!»

Dans _____ 2
on dit «salud!»

Depuis que l'euro

_____ (*introduire*, passé composé) 1
je n'ai plus besoin de calculer pour contrôler ce que je dépense!

J'_____ (*acheter*, passé composé) 1
tellement d'affaires pendant mon séjour que
je ne sais vraiment pas comment je vais les transporter!

Mes parents _____ (*venir*, futur) 1 chercher

_____ 2 en voiture la semaine prochaine!

Dans ma langue, le datif

_____ (*ne pas exister*, présent) 1 .

Et dans _____ 2 ?

1 *Mets les verbes entre parenthèses au futur ou au futur antérieur.*
2 *Complète par les pronoms qui conviennent. Attention à l'ordre!*

À l'école maternelle déjà, on se mettait la pression:

Je _____ (prêter) 1 2

quand tu me/m' _____
_____ (donner) 1 ton biscuit!

À l'école primaire, ce n'était pas mieux:

Quand vous _____ (finir) 1

de vous foutre de moi, vous _____
(dire) 1 2 !

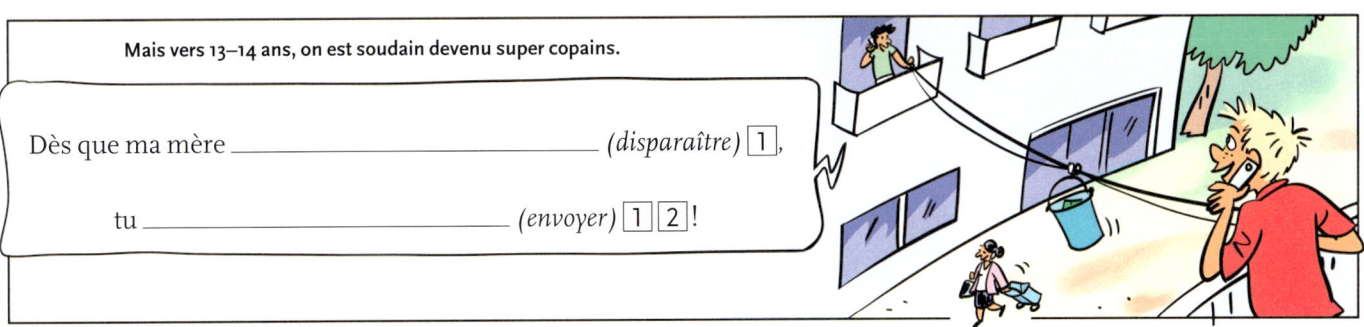

Mais vers 13–14 ans, on est soudain devenu super copains.

Dès que ma mère _____ (disparaître) 1,

tu _____ (envoyer) 1 2 !

Nous avons fait tous nos
plans d'avenir ensemble.

Nous _____ 2
racontions pendant des heures!

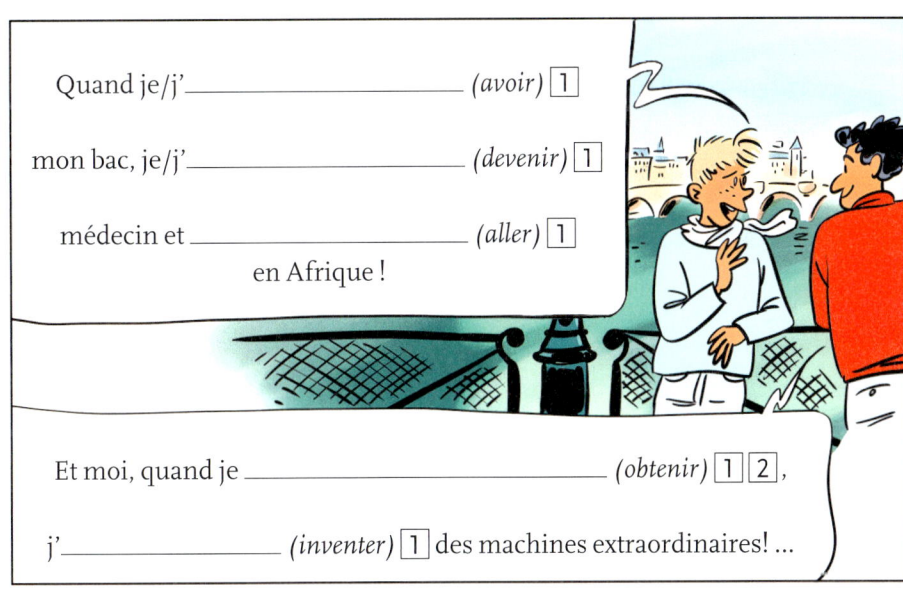

Quand je/j'_____ (avoir) 1

mon bac, je/j'_____ (devenir) 1

médecin et _____ (aller) 1
en Afrique !

Et moi, quand je _____ (obtenir) 1 2,

j'_____ (inventer) 1 des machines extraordinaires! ...

Mais bien sûr, les choses ne se sont pas passées comme cela:

Tu te souviens des plans
d'avenir que nous avions?

Oui, quand nos enfants _____ (grandir) 1,

nous _____ (raconter) 1 2 !

▪▪▪▪▪▪ Dossier 1

DELF **1** 🎧 *Vrai ou faux? Coche les informations correctes et corrige les phrases fausses dans ton cahier.*

	vrai	faux
1. Les jeunes ont étudié la chanson «Ma philosophie» en troisième.	☐	☐
2. «Ma souffrance» est une chanson de Amel Bent.	☐	☐
3. C'est en 4ᵉ que Cyril est parti.	☐	☐
4. C'est Julien qui chantait le refrain de «Ma philosophie» en faisant le clown.	☐	☐
5. Fatou s'intéressait à tous les garçons de la classe.	☐	☐
6. Raphaël est un copain de Mélanie.	☐	☐
7. Pendant leur voyage, ils écoutaient constamment un CD de Amel Bent.	☐	☐

▪▪▪▪▪▪ Dossier 2

DELF **2** 🎧 *Écoute les textes et trouve le métier de ces personnes.*

5. _____

1. _____   3. _____   6. _____

2. _____   4. _____   7. _____

▪▪▪▪▪▪ Dossier 3

DELF **3** 🎧 *Écoute et réponds aux questions.*

1. Qu'est-ce qu'ils ont fait ou feront pour ce film?

Franck Apprederis _____

La Commission européenne _____

L'Union Européenne de Radio-Télévision et la Représentation de la Commission européenne en France

_____

Sarah Biasini _____

Différentes chaînes de télévision francophone de Belgique et de France _____

_____

Amandine _____

2. Qu'est-ce qu'ils ont fait pour l'Europe?

Robert Schumann et Jean Monnet _____

3. Qu'est-ce qui a fait beaucoup de chemin depuis la fin de la Seconde Guerre mondiale?

_____

DELF **4** 🎧 *Écoute et note quelle phrase va avec quelle image.*

C'est fou, Voltaire dit exactement le contraire de ce que dit notre prof de français!

Vous avez votre billet?

Vous devriez montrer vos photos de Taizé à votre grand-mère.

Tu as envie d'aller à la manif?

▌▌▌▌▌▌▌ **Dossier 5**

DELF **5** 🎧 *Écoute le témoignage de Carine Kawessa et présente-la dans ton cahier. Les questions suivantes peuvent t'aider.*

Qui est Carine? D'où vient-elle?

Pourquoi est-elle en France? Qu'est-ce qu'elle y fait?

Parle des expériences qu'elle a faites en France. Sont-elles négatives ou positives? Explique.

Est-ce qu'elle se sent bien en France? Pourquoi? Explique.

Quels sont ses projets d'avenir?

DELF **1** ►◄ *Faites ces exercices à deux: Voisin A et Voisin B.*

2 *Préparez les dialogues. N'écrivez pas de phrases complètes, seulement des mots clés.*

3 *Jouez le dialogue, ne lisez pas vos phrases, parlez le plus librement possible.*

4 *Après le dialogue, discutez de vos problèmes et réfléchissez ensemble à une méthode pour vous améliorer.*

▮▮▮▮▮▮ Dossier 1

Voisin A

Jeune Allemand/e / Autrichien/ne qui participe à un échange à Pointe-à-Pitre en Guadeloupe. Il/Elle rencontre un/e jeune Guadeloupéen/ne. A se présente, raconte ce qu'il/elle a déjà vu et ce qu'il/elle voudrait faire à la Guadeloupe. Il/Elle pose des questions à B sur sa vie quotidienne, sur ses projets d'avenir et la Guadeloupe en général. A répond aussi aux questions de B sur les mêmes sujets.

Voisin B

Jeune Guadeloupéen/ne qui participe à un échange avec des jeunes Allemands/Autrichiens. Il/Elle se présente, pose des questions à A sur ses expériences à la Guadeloupe, sur son pays / sa région et ses projets d'avenir. B répond aussi aux questions de A.

▮▮▮▮▮▮ Dossier 2

Voisin A

Jeune pour lequel le salaire est le plus important dans le choix d'un métier. A interroge son voisin pour savoir ce qui compte pour lui dans le choix d'un métier et répond à ses questions.
A et B résument leurs différences et trouvent un ou deux arguments pour essayer de convaincre l'autre. A prend aussi position par rapport aux arguments de B.

Je voudrais un métier qui/où ...
Pour moi, l'essentiel, c'est de ....
L'argent / le salaire ...

Voisin B

Jeune pour lequel le plus important est d'avoir un métier qui lui plaise et dans lequel il puisse s'engager. B interroge son voisin pour savoir ce qui compte pour lui dans le choix d'un métier et répond à ses questions. A et B résument leurs différences et trouvent un ou deux arguments pour essayer de convaincre l'autre. B prend aussi position par rapport aux arguments de A.

Est-ce que tu veux dire que ....?
Je ne suis pas d'accord avec toi.
L'avantage/l'inconvénient, c'est ...
Ce qui compte pour moi dans la vie, c'est ...

Entraînement au monologue

1 *Travaillez comme pour les dialogues mais à tour de rôle: Choisissez l'un des sujets suivants, préparez-le pendant dix minutes et faites un petit exposé d'environ trois minutes.*

2 *Voisin A commence. Pendant ce temps, Voisin B écoute, note les problèmes de Voisin A qu'il remarque mais aussi ses points forts.*

3 *Voisin A et Voisin B changent de rôle.*

4 *À la fin, échangez vos remarques puis travaillez à deux pour reformuler le mieux possible ce que vous pourriez dire sur chaque sujet.*

Sujet 1 Les langues étrangères
- Parlez de votre intérêt personnel pour une ou plusieurs langues étrangères, de celles qui vous intéressent le plus, depuis quand et pourquoi.
- D'après vous, est-il utile de connaître des langues étrangères? Justifiez votre réponse.

Sujet 2 À partir d'une photo
- Décrivez cette photo, présentez son thème et les aspects qui vous semblent les plus importants.
- Donnez aussi votre opinion sur cette photo.

Sujet 1   Mon «héros»
Présentez un personnage célèbre (ou non) de votre choix, dites ce que vous savez
de lui et pourquoi vous l'avez choisi.

Sujet 2   Quel est pour vous le problème le plus important de notre époque? Décrivez-le en
quelques phrases. D'après vous, comment peut-on lutter contre ce problème?
D'après vous, est-il utile de s'engager? Donnez votre avis.

Sujet 3   Décrivez les photos. Présentez leur thème et les aspects qui
vous semblent les plus importants. Donnez
votre opinion sur ce sujet.

||||||||| Dossier 5

DELF **1**   ►◄ *Faites ces exercices à deux: Voisin A et Voisin B.*

2   *Préparez les dialogues. N'écrivez pas de phrases complètes, seulement des mots clés.*

3   *Jouez le dialogue, ne lisez pas vos phrases, parlez le plus librement possible.*

4   *Après le dialogue, discutez de vos problèmes et réfléchissez ensemble à une méthode pour vous améliorer.*

Voisin A	**Voisin B**
Issiaka, jeune Malien de 16 ans qui rêve d'immigrer en France. A pose plusieurs questions sur la France à B qui répond. A explique pourquoi il veut absolument aller en France.	Oussemane, jeune Malien de 24 ans qui vient de rentrer au Mali après cinq ans d'études en France. B parle de ses expériences en France. Il explique pourquoi il a décidé de rentrer. B demande à A pourquoi il veut absolument aller en France et lui donne son avis.

Dossier 1 (Bilan autocorrectif, p. 22)

1 C'est moi qui ai fait ce devoir tout seul!
C'est dans ma tête que j'ai trouvé toutes ces idées!
C'est dans un dictionnaire allemand-français que j'ai
trouvé les mots qui manquaient!
C'est un vingt, pas un zéro qu'il faut me mettre!

Wenn du Probleme hattest:
→ Lies die Repères auf S. 23/2 noch einmal durch.
→ Wiederhole folgende Übungen:
Livre, S. 12/2, 3, S. 13/4;
Carnet, S. 12/4, 5, S. 13/ 6.

2 **a**
1. Elle gagne sa vie en écrivant des romans.
2. Il gagne sa vie en construisant des maisons.
3. Il gagne sa vie en s'occupant des enfants de sa
voisine.

→ Die Bildung und den Gebrauch des gérondif kannst du in
den Repères auf S. 23/3 nachlesen.
→ Übungen zum Gérondif findest du im
Livre, S. 17/3, 4;
Carnet, S. 15/4, 5; S. 16/6.

b
1. Der Appetit kommt beim Essen.
2. Wenn du dir Notizen machst, wirst du dich besser
an die Präsentation deines Mitschülers erinnern.
3. Mano schreibt seiner Freundin eine E-Mail und hört
dabei eine CD von Jane Fostin.

3 Le carnaval est-il encore vraiment célèbre
aujourd'hui en Guadeloupe?
Y-a-t-il beaucoup de touristes au carnaval?
Depuis quand le musée Schoelcher est-il ouvert?
Que peut-on voir au musée Schoelcher?

→ Lies die Repères auf S. 23/4 ein erneutes Mal.
→ Mache folgende Übungen noch einmal:
Livre, S. 18/5, 6;
Carnet, S. 17/7, 8; S. 18/9.

4 Pedro de Mascarenhas découvre un nouvel archipel
dans l'océan indien en 1512.
En 1642 les Français débarquent sur l'île.
En 1663, la Réunion devient la première colonie
française dans l'océan indien.
En 1718, commence la culture du café sur l'île.
Les colons réduisent des Africains et des Indiens en
esclavage et les amènent dans les plantations.
Le 20 décembre 1848, Joseph Napoléon Sébastien
Sarda Garriga proclame l'abolition de l'esclavage à
la Réunion.
En 1946, la Réunion devient un département
d'outre-mer.

→ Vergiss nicht, die Vokabeln und Redewendungen, die du
lernst, regelmäßig zu wiederholen. Arbeite auch mit dem
Vocabulaire thématique in den Repères, S. 22/1.
→ Auch folgende Übungen können dir helfen, den Wort-
schatz und dein Ausdrucksvermögen zu trainieren:
Livre, S. 14/8, 9; S. 18/7, 8; S. 19/11; S. 20/12; S.25/2, 3;
Carnet, S. 7/1; S.10/1; S. 13/7, 8, S. 14/3; S. 18/10, 11;
S. 21/2, 3.

1   **a**

Mon père est ingénieur et travaille avec une équipe de 20 personnes.
Il travaille pour une grosse entreprise d'architecture. L'inconvénient dans son travail, c'est qu'il n'est pas souvent à la maison.
Je ne sais pas encore ce que je ferai plus tard, mais je sais que je veux être à mon compte parce que j'aime organiser mon travail moi-même.

b

interprète
mécanicienne
coiffeur
guide de haute montagne

→ Den Themenwortschatz kannst du mit Hilfe der Repères, S. 42/1 üben.
→ Lies die Texte der Séquences noch einmal durch.
→ Redewendungen und Vokabeln kannst du mit folgenden Übungen trainieren:
Livre, S. 34/11, 12; S. 39/8, 9, 11; S. 46/3, 4;
Carnet, S. 24/1; S. 25/2c, 3; S. 26/2; S. 27/3; S. 30/8; S. 31/1; S. 32/3, 4; S. 34/9.

2   1. Parlant couramment anglais, je n'ai pas eu de mal à trouver un job d'été en Angleterre.
2. Étant assez bon en maths, je n'aurai pas de mal à faire un bac S.
3. Cherche personne fabriquant des bijoux et désirant les vendre pour partager un stand au marché.

→ Bildung und Gebrauch des Partizips Präsens kannst du in den Repères, S. 43/3 nachlesen.
→ Zum Trainieren mache folgende Übungen noch einmal:
Livre, S. 32/4, 5;
Carnet, S. 28/4, 5; S. 29/5b.

3   1. Elle a un diplôme qui est reconnu internationalement, maintenant elle cherche un travail qui corresponde à ses études.
2. Beaucoup de jeunes rêvent de faire carrière dans le sport ou la chanson, mais il faut aussi parler des inconvénients de ces métiers pour qu'ils puissent y voir plus clair.
3. Je pense que je passerai un an à l'étranger avant de décider de mon avenir.
4. Mon frère a trouvé un travail qui lui plaît beaucoup.

→ Lies die Repères auf S. 43/4 noch einmal durch.
→ Trainiere mit folgenden Übungen:
Livre, S. 33/9; S. 38/5, 6, 7;
Carnet, S. 33/6; S. 34/7, 8.

4   1. Est-ce que vous parlez aussi des droits des élèves? Mais oui, tu croyais que je parlais seulement de ceux des profs?
2. Tu travailles encore pour le compte de ton chef? Non, pour celui de mon fils.
3. Vous avez fait la croisière en Crête? Oui, mais nous préférons celle-ci!

→ Auf S. 42/2 in den Repères findest du die Demonstrativpronomen.
→ Mache folgende Übungen noch einmal:
Livre, S. 32/6, 7, S: 33/8;
Carnet, S. 29/6.

5 1. Paul a-t-il envie de faire de longues études?

Non, il n'en a pas envie.

2. Est-ce que tu penses passer un an comme jeune fille au pair en Italie?

Oui, j'y pense.

→ Lies die Repères auf S. 43/5 noch einmal durch.
→ Trainiere mit Hilfe folgender Übungen:
Livre, S. 37/3, 4;
Carnet, S. 33/5.

▊▊▊▊▊▊ **Dossier 3** (Bilan autocorrectif, p. 54)

1 **a**

l'action	– l'acteur/-trice
le spectacle	– le/la spectateur/-trice
durer	– la durée
créer	– la création
le touriste	– touristique
le frère	– la fraternisation
oublier	– l'oubli
timide	– intimider qn
le monde	– mondial

→ Beim Lernen neuer Vokabeln wiederhole auch dir bereits bekannte Wörter aus der gleichen Wortfamilie.
→ Den Themenwortschatz kannst du mit Hilfe der Repères, S. 64/1 üben.
→ Lies die Texte der Séquences noch einmal durch.
→ Redewendungen und Vokabeln kannst du mit folgenden Übungen trainieren:
Livre, S. 54/6, 7; S. 55/ 8; S. 59/7, 8; S. 68/3;
Carnet, S. 40/1, 2; S. 41/4; S. 42/1; S. 44/6; S. 45/8 b; S. 46/2; 47/4; 51/1.

b 1b; 2e; 3a; 4d; 5c

c

1. L'action du film repose sur plusieurs histoires vraies.
2. Les lieutenants se mettent d'accord pour enterrer leurs morts.
3. Le pasteur va lire une messe.
4. La fraternisation a été gardé secrète pendant deux années.

2 1. les miens
2. le tien
3. la mienne
4. les vôtres
5. les nôtres
6. la leur

→ Du findest alle Possessivpronomen in den Repères, S. 64/3.
→ Mit den folgenden Übungen kannst du die Anwendung trainieren:
Livre, S. 58/3, 4;
Carnet, S. 48/5, 6.

3 2. Un nouveau pont dans l'Aveyron sera ouvert dans deux ans.
3. Le match Marseille-Lille a été gagné par l'équipe de l'OM.
4. Le but a été marqué par le capitaine de l'équipe à la dernière minute du match.
5. Le nouveau film de Christian Carion sera présenté dans deux mois.
6. Deux criminels ont été arrêtés par un jeune policier hier soir à Marseille.
7. Une nouvelle ligne de TGV sera ouverte l'année prochaine.

→ Wie der Passiv gebildet und gebraucht wird, kannst du in den Repères, S. 64/2 nachlesen.
→ Wiederhole die Passivsätze mit Hilfe folgender Übungen:
Livre, S. 54/4, 5;
Carnet, S. 43/3, 4.

1 **a** 1f; 2b; 3a; 4e; 5d; 6c

b

(Ce sont) les pays riches (qui) ont provoqué le changement de climat. Il faut que nous changions / Nous devons changer / Il faut changer nos comportements / notre comportement. Par exemple, nous pouvons renoncer à / éviter de prendre l'avion et prendre le train quand c'est possible.

Um einer zu raschen Klimaerwärmung vorzubeugen, müssen wir neue Verhaltensmuster erlernen. Wir müssen Energie sparen, indem wir beispielsweise elektronische und elektrische Geräte abschalten, wenn wir sie nicht benutzen. Um die Umwelt zu schützen, können auch erneuerbare Energiequellen verwendet werden.

→ Trainiere mit Hilfe des Vocabulaire thématique in den Repères, S. 84/1
→ Wortschatz und Redewendungen kannst du üben, wenn du folgende Übungen wiederholst:
Livre, S. 77/5, 6, 7; S. 81/5, 7, 8; S. 89/3, 4, 5;
Carnet, S. 56/1; S. 59/7; S. 60/8; S. 61/1; S. 62/2, 3; S. 67/1b, 1c, 3.

2 1. Et bien, on va te la mettre!
2. On ne peut pas les leur supprimer!
3. Tu veux que je te l'imprime?
4. Oui, ils étaient dans ce magazine, vous voulez que je vous les découpe?

→ Die Stellung zweier Pronomen im französischen Satz kannst du in den Repères, S. 85/3 nachlesen.
→ Trainieren kannst du mit Hilfe folgender Übungen:
Livre, S. 80/3, 4;
Carnet, S. 63/4; S. 64/5, 6; S. 65/7, 8.

3 1. Si nous ne rentrons pas maintenant, ils seront partis quand nous arriverons!
2. Je te téléphonerai dès qu'il m'aura dit oui!
3. Nous commencerons dès que le chef aura donné sa signature!
4. Quand Fabienne aura compris qu'elle n'est pas seule au monde, la situation deviendra peut-être vivable!

→ Die Formen des futur antérieur sowie eine Skizze über den Gebrauch dieser Zeit findest du in den Repères, S. 85/2.
→ Bildung und Gebrauch des futur bzw. des futur antérieur kannst du mit Hilfe folgender Übungen trainieren:
Livre, S. 76/4;
Carnet, S. 58/5; S. S. 59/6.

1 **a**

Le Burkina Faso est un pays d'Afrique de l'Ouest. Il a des frontières avec six pays: le Mali au nord, le Niger à l'est, le Bénin au sud-est, le Togo et le Ghana au sud et la Côte d'Ivoire au sud-ouest. Le nord du pays est désertique, plus au sud on rencontre la savane avec quelques forêts. Le fleuve Volta parcourt le Burkina Faso. Les ressources principales sont l'or et le manganèse.

b 1d (g); 2i; 3f (k); 5h; 6a; 7b; 8c; 9g (d); 10e; 11j

c

1. traverse
2. irriguer
3. metteur en scène
4. saison des pluies
5. au bord
6. à travers
7. publiques
8. fertile

→ Beim Lernen neuer Vokabeln wiederhole auch dir bereits bekannte Wörter aus der gleichen Wortfamilie und erstelle Assoziogramme.
→ Den Themenwortschatz kannst du mit Hilfe der Repères, S. 99/1 und S. 22/1 üben.
→ Lies die Texte der Séquences noch einmal durch.
→ Redewendungen und Vokabeln kannst du mit folgenden Übungen trainieren:
Carnet, S. 70/1, 2, 3; S. 71/1; S. 76/1, 3, 4.

2
1. Au Mali, on parle plus de 400 langues.
2. On cherche encore plus de professeurs pour les écoles.
3. On nous a dit qu'on ne pouvait pas traverser le Niger.
4. On prononce le «ï» dans «maïs».

→ In den Repères, S. 99/2, kannst du nachlesen, welche Konstruktionen im Französischen deutschen Passivkonstruktionen entsprechen.
→ Mit den folgenden Übungen kannst du diese Konstruktionen trainieren:
Livre, S. 96/3, 4;
Carnet, S. 73/3.